Les Perles des Vérités Supérieures

Seklitova L.A
Strelnikova L.L

Les Perles des Vérités Supérieures

La série de « Au-delà de l'inconnu »

Edition : BoD - Books on Demand
12/14 rond-point des Champs Elysées
75008 Paris
Imprimé par BoD – Books on Demand, Norderstedt
*ISBN : 978-2-**3222-4790-5***
*Dépôt légal : ***Mars 2017***

<u>Réédition : Février 2021</u>

L. Seklitova, L. Strelnikova, 2003.

LES PERLES DES VÉRITÉS SUPÉRIEURES.
Contacts avec le Haut Esprit Cosmique. 2003.

Ce livre met en lumière les questions de l'évolution énergétique du monde des minéraux, des plantes, de la forme du corps humain, il évoque le sujet de la possibilité de notre immortalité. Aussi, il narre l'impact de l'information sur le développement des enveloppes humaines, sur l'impact négatif des Niveaux bas sur l'amélioration de l'âme, de la nocivité de l'arrogant et bien d'autres choses.

L'introduction

Ces livres révèlent les dernières informations uniques sur la structure des mondes subtils et de l'homme.

Pendant le changement des époques cosmique, nos Enseignants Célestes envoient à l'humanité de nouvelles connaissances sur la structure énergétique de l'homme et sa place dans le système général de l'Univers, de la Terre et ses perspectives de développement, des habitants des mondes Supérieurs et la forme de leur existence.

Ils révèlent aussi le mystère de la création de l'homme sur la Terre et envoient aux gens les nouvelles Lois de l'Univers selon lesquelles chaque âme doit se développer dans le nouveau millénaire. Les Lois sont données pour les deux mille prochaines années.

Des informations étonnantes ouvrent sur la structure de l'âme et les lois de son évolution, pour la première fois, elles révèlent le mystère des rêves et le programme de vie, d'un point de vue énergétique tous les processus de développement évolutionnaire des planètes, des étoiles et de toutes les créatures qui peuplent l'Espace infini, sont expliqués.

A la frontière du nouveau millénaire, l'humanité est au stade de l'évolution, lorsqu'elle peut accéder à la connaissance qui révèle le Grand Mystère des transformations divines que les gens vont subir sur leur chemin vers Dieu.

Ces connaissances Supérieures sont envoyées à la Terre par les contacteurs que Dieu choisit pour diffuser à travers eux une nouvelle énergie puissante sous la forme des Lois uniques de l'Univers et des nouvelles connaissances nécessaires pour faire avancer notre Planète à un niveau de qualité plus haut.

Avec ces connaissances l'humanité sera transformée en une civilisation où il n'y a pas de place pour les querelles et les guerres, l'agression et la haine, où tout le monde sera uni dans leur plus haute essence spirituelle.

Tous les meilleurs fils et filles de la Terre se joindront à la nouvelle civilisation appelée la «race d'or» et feront une nouvelle fondation de l'humanité de l'avenir.

Plus de terriens se familiariseront avec ces informations, moindres seront les pertes pendant la transition vers une nouvelle ère parce que cette connaissance sera un stimulant pour que chacun se comprenne, se perfectionner et s'aspirer à l'amour universel pour tous les êtres vivants.

VIERGE MARIE

Oh, Vierge Marie! Pourquoi tes larmes?
De quoi pleurez-vous ou pour qui?
Coulant de mes yeux comme des roses qui tombent
Ils coulent dans un silence silencieux.

Ou peut-être que tu es selon les canons de l'église
Larme après larme
À propos de ceux qui ne vivent pas selon les lois de Dieu,
Et avec une âme pêcheuse et insensible?

Oh Vierge! Chagrin pour les âmes perdues!
Mais il y aura un temps pour les sanglots.
Seul Dieu, peut-être, séchera vos larmes,
Vivant dans les larmes de ces reproches.

Larissa Kartavtseva

- - -

Quelques mots sur l'auteur de la poésie.

Larissa Kartavtseva a commencé à pratiquer la versification après avoir visité notre contact avec l'Esprit Cosmique Suprême, ce qui a réveillé en elle un don dormant.

Les énergies divines ouvrent de nouvelles opportunités aux hommes pour leur réalisation créative. Et nous sommes une fois de plus convaincus qu'à ceux qui souhaitent être avec Dieu dans l'âme et le cœur, Il ouvre toujours de nouvelles voies à Lui-même, à l'ascension de l'Esprit d'une personne.

Par conséquent, nous sommes heureux d'inclure plusieurs de ses poèmes dans notre livre. Les poèmes sont écrits dans un esprit ésotérique, réfléchi et très moderne. Ils portent la pure lumière des pensées et des sentiments du poète.

AMOUR UNIVERSEL

Apprends-moi, Dieu, à aimer

Tout comme toi, pour que j'en aie assez pour tout le monde
Pour que je puisse oublier les insultes
Et d'un cœur pur j'ai pardonné.

L'amour deviendrait universel,
Scintillant d'une palette multicolore,
Comme un arc-en-ciel qui s'embrase à nouveau
Le beau monde s'est illuminé.

Et la réponse est soudainement dans ma tête
Cela sonnait: «Vous êtes comme un petit enfant.
Il faut beaucoup apprendre
Et je devais commencer par les couches.

Aimer tout ce qui vous entoure depuis l'enfance :
Une maison indigène, et une fleur et un brin d'herbe,
Et les gens, qu'ils soient ennemis ou amis,
Tout grain de sable sur la route.

Plus encore: aimer la Terre entière,
Traitez-la toujours comme vivante,
Ne faites pas de mal au Créateur,
Pour que le seigle puisse grimper dans le champ.

Mais ce n'est peut-être pas tout:
S'il n'y a pas de place dans le cœur pour Dieu,
Essayez de l'aimer,
La route deviendra plus facile dans la vie.

Faites-moi confiance et ne me contredisez pas!
Alors vivez! Et n'ayez pas peur.
L'amour deviendra universel
Et c'est sur elle que notre monde sera tenu ».

Chapitre 1
L'Appel à l'humanité

Soyez prudent! Ne tombez jamais dans le découragement, la colère, la paresse, car votre âme ne doit être nourrie jour et nuit que par l'énergie d'un Esprit élevé. Cependant, vous êtes surtout occupé à réfléchir à la façon de saturer votre corps mortel. Mais ce n'est pas la raison pour laquelle vous avez été créé sur Terre, pas la raison pour laquelle Nous chérissons et nourrissons votre Terre et vous.

Vous, les gens, devez réaliser votre but Divin, votre essence supérieure, et sans cela, votre vie sur Terre sera vide, sombre et sans espoir.

Réveillez-vous, revenez à vos sens, voyez la lumière, les gens!!! Vous êtes aveugles et vous réjouissez de votre aveuglement. Comment pouvez-vous vivre comme vous vivez maintenant?! Le meilleur vous est donné et vous le transformez en mal. Vos âmes sont plongées dans les ténèbres, l'obscurité désespérée de l'ignorance, et aucun de vous, à de rares exceptions près, ne s'arrêtera, ne pensera à la raison pour laquelle vous vivez et à ce qui doit être fait pour être utile à Dieu, au Cosmos, à la Terre, à l'Humanité.

Ôtez votre égoïsme. Rien n'humilie une personne comme ce petit monde isolé qu'il s'est créé et a peur de perdre. Afin de le conserver plus longtemps, il fait tous ses efforts, toutes ses pensées, consacre tout son temps personnel, toute son énergie à ce morceau d'être illusoire. Mais comment pouvons-nous vous ouvrir les yeux sur la beauté et le charme du Cosmos et du monde qui vous entoure? Vous avez l'habitude de creuser dans votre boue, et vous voulez voir et savoir autre chose que ce qui vous occupe.

Où pouvez-vous obtenir cette énergie, ces mots qui atteindraient consciemment votre cœur, qui réveilleraient vos âmes du sommeil mort et les éloigneraient des fausses aspirations vers les idéaux les plus élevés?

Vous vous êtes entouré de buts illusoires, vous avez rempli votre vie de vanité et de passe-temps vide qui ne donne rien à l'âme. Et combien il est difficile de l'atteindre et la diriger vers le vrai chemin. Et même maintenant, il est impossible de transmettre le noble et le saint à certaines âmes. Mais Sodome et Gomorrhe ne seront que des feux pitoyables par rapport aux flammes qui peuvent engloutir votre Terre afin d'incinérer toutes les saletés accumulées. Et par conséquent, ce n'est que dans votre pouvoir commun d'arrêter ce qui vous attend.

Revenez à vos sens, arrêtez-vous dans votre folie! Nous vous appelons tous à nous voir, qui sommes descendus pour votre salut! Et que vos âmes soient pures, que vos pensées soient lumineuses, et que vous ne subirez pas le sort de ces insensés qui ont vécu avant vous sur Terre.

(L'Appel des Hiérarques de la Terre)

L'amour cosmique

Question: - Est-ce qu'une personne terrestre peut comprendre ce qu'est l'amour dans le Cosmos?
L'Hiérarque répond:
- L'homme terrestre comprend tout primitivement, remplaçant souvent les principes supérieurs par des principes inférieurs, issus du monde animal. Une personne est construite de telle sorte que l'amour terrestre qui lui est donné, est capable d'attirer seulement deux moitiés l'une vers l'autre, qui sont exprimés en eux par des sexes différents. Ce programme est le même pour tous les terrestres et pour la plupart des êtres matériels non-terrestres.

Mais une partie de l'amour cosmique a été investie dans votre programme, grâce auquel une personne ressent de l'amour pour les enfants, les parents et les amis. Si seulement l'amour cosmique était mis dans votre programme, l'humanité ne pourrait pas exister physiquement, c'est-à-dire continuer son espèce, puisque l'amour cosmique inclut l'amour pour tous les êtres vivants, et ceux dans le Cosmos.

Votre race terrestre périrait d'un amour excessif pour tout le monde, c'est-à-dire, à votre avis, chaque personne serait amoureuse de tout le monde à la fois, ce qui est contraire au programme de développement physique. Un tel amour ne peut exister que sur les plans supérieurs, où il remplit la fonction d'unité.

Mais il y a des mondes où seul l'amour cosmique existe. Il appartient aux êtres de l'ordre Supérieur, demeurant aux Niveaux de la Hiérarchie. Cependant, il existe également des êtres asexués de haut Niveau de développement qui produisent des enfants à certaines périodes de leur existence, indépendamment de leurs souhaits. Chaque monde est différent. Beaucoup d'entre eux n'ont pas besoin d'amour charnel, c'est pourquoi il leur est donné de comprendre l'amour cosmique, mais pas seulement parce qu'ils sont asexués. Ces créatures ont été créées plusieurs millions d'années plus tôt que vous et ont donc atteint un développement mental et spirituel élevé.

Si l'humanité est à la hauteur de Nos espoirs et atteint le même Niveau de perfection, alors peut-être que le concept de l'amour cosmique s'ouvrira à elle. Mais pas autant que possible mais autant que le programme humain le permet.

Question: - Si l'amour cosmique est universel, que représente-t-il dans un sens plus large de compréhension?

Réponse: - Oui, l'humanité a reçu le concept de l'amour cosmique comme universel. Tout le monde devrait aimer tout le monde sur la planète. Mais ce concept n'existe qu'en théorie. Aucun individu n'est capable de développer une telle capacité en lui-même en raison d'un niveau de développement insuffisant.

Un exemple d'amour cosmique et universel pour tous les êtres vivants ne peut être montré que par un être de haute morale. L'amour à cet égard se caractérise, tout d'abord, par des actions telles que l'aide aux autres, le transfert de connaissances et le reste à ceux que vous aimez. C'est un abandon complet de soi aux autres, c'est à la fois la création et le pardon, la lutte pour quelqu'un et la vie au nom de quelqu'un.

L'amour cosmique est beaucoup plus puissant que l'amour terrestre. Son énergopotentiel est plus puissant, sa qualité est supérieure. Si ce dernier ne relie que deux personnes, alors le cosmique est capable d'unir la communauté galactique. En tant que force d'attraction, il relie les membres de toute la coalition avec des relations solides et les fait travailler comme un organisme unique et soudé. Par conséquent, les résultats de l'action et du développement d'une telle société sont incomparablement plus élevés que ceux dans lesquels il n'y a pas de cohésion avec l'amour cosmique. Dans les sociétés où il n'y en a pas, des désaccords surviennent souvent, la lutte pour les intérêts personnels de chaque individu, ce qui, naturellement, ralentit le mouvement des civilisations sur la voie du développement. Seuls l'unité, des objectifs communs et un amour cosmique universel nous permettent de nous précipiter rapidement vers l'avenir sur la voie du progrès.

L'amour cosmique fait des merveilles. Dans les sociétés où il existe, il n'y a ni indifférence, ni vices, ni misère et ni souffrance parce qu'il n'y a pas d'égoïsme et de lutte de l'individu avec le général pour sa vie privée, égoïste. Tous les problèmes humains surgissent précisément parce qu'il se bat pour sa vie privée avec ce qui a été créé par chacun et appartient à tous.

Dans un monde où tout le monde s'aime, chaque personnalité se révèle au maximum, car son développement n'est pas entravé mais aidé, pas supprimé, mais au contraire les supérieurs ramènent les inférieurs à leur niveau, où le but de chacun est d'aider à celui qui marche vers le supérieur. Les intérêts communs, les objectifs ne se connectent que pendant un certain temps. L'amour unit pour toujours. Il contient le pouvoir d'unification.

Et puisque l'amour cosmique se manifeste non seulement à leurs semblables mais à tous les êtres vivants, cela, tout d'abord, se reflète dans les forces de la création. L'amour crée des mondes extraordinaires avec des couleurs pures et rayonnantes, des mondes pleins de bonheur et similaires au paradis. Seulement dedans, tout le monde ne se repose pas, mais travaille.

Tout ce qui est beau crée de l'amour, tout ce qui est dégoûtant est la haine, c'est-à-dire que ce sont les deux qualités opposées qui appartiennent à deux systèmes de développement opposés. L'amour crée, la haine détruit. L'amour inspire et donne la lumière éternelle, la haine supprime et jette dans l'obscurité des ténèbres impénétrable.

C'est grâce à l'amour cosmique, dont le Divin fait partie, créant de nouvelles âmes, qu'elles ont été créés éternelles. Le grand amour du Créateur pour eux ne peut pas permettre de les détruire et les effacer à jamais. La matrice reste éternelle. Seul son contenu qualitatif change en cas de développement infructueux de l'âme.

Sur la base du plus haut amour pour tous les êtres vivants, tout le Cosmos est construit de telle manière qu'il ne meurt pas, mais passe seulement d'un Niveau de développement à un autre.

Un exemple de l'amour Cosmique le plus élevé est l'amour Divin. Le Créateur aime passionnément tout ce qu'Il a créé et ne le laisse pas périr et disparaître sans laisser de traces. Il se soucie avec beaucoup d'amour que tout se développe, même le plus bas et le plus dégoûtant, et même le dernier méchant a toujours une chance de correction.

La phrase «Aimez votre ennemi» est la première étape vers l'amour cosmique. Quiconque apprend à pardonner à ses ennemis et, avec pitié, les aimera, celui qui apprend les bases de cet amour Supérieur qui est inhérent au développement de tout le Cosmos.

Après tout, c'est sur la base de ce grand amour que rien ne disparaît dans le monde de la matière, mais il est agencé de telle sorte qu'une matière se transforme en une autre, un type d'énergie passe dans l'autre. La matière ne se détruit pas mais il n'y a qu'une transformation. Le processus de restructuration des atomes et des molécules d'une substance en une autre avec des conditions changeantes d'influence et de temps est une évolution éternelle du développement du monde matériel. Par exemple un bâtiment : au fil du temps, cela décompose un processus désagréable. En conséquence, il en reste de la poussière et du sable. Mais les deux reconstitueront le sol, deviendront le matériau du nouveau, et ce cycle est sans fin.

L'amour dans tout ce qui est créé, pose les ingrédients de l'éternel, indestructibles. C'est la principale caractéristique du plus grand amour cosmique.

L'essentiel est de contribuer à la vie, et toute mort est un court moment de transition d'un état à un autre, à chaque fois plus parfait que le précédent. Pour une personne, le concept de la mort est perçu comme quelque chose d'effrayant, seulement en raison du fait qu'il ne connaît pas le véritable état des choses, c'est-à-dire que dans le Cosmos, la mort en tant que tel n'existe pas, mais il y a une transformation de la matière d'un type en un autre et la transition des Essences au prochain Niveau de développement, c'est-à-dire, le plan de l'être. Tout comme dans les mondes énergétiques, l'âme n'est pas mortelle mais il y a une transition, de même dans le monde de la matière il n'y a pas de destruction mais il y a une transformation.

Le Créateur, sur la base de l'amour cosmique, veille à la préservation de tout ce qui existe éternellement mais en développement. Au fur et à mesure que l'ensemble que la société humaine s'améliore, la peur de la transition disparaîtra. La réincarnation et le besoin de la réincarnation sera retiré de l'humanité seulement après avoir passé les cycles de développement correspondants (après avoir passé les sixième et septième civilisations sur la Terre). Seul un perfectionnement supplémentaire lui permettra de connaître le véritable amour cosmique, qui est créatif, ennoblissant et indulgent.

L'illusion de l'immortalité humaine

Le rêve d'or de l'homme est d'acquérir l'immortalité. L'humanité le cultive depuis des millénaires. Mais personne n'avait jamais spécifiquement imaginé comment, étant immortel, il existerait parmi les mortels s'il recevait soudainement un tel don du destin.

Une personne n'a aucune idée à quel point il est tragique de vivre lorsque tout le monde autour de lui meurt: connaissances, parents, proches, mais lui-même reste. Pour qu'un jour, il survive à tous ceux qui le connaissaient et l'aimaient, puis de nouer de nouvelles relations et connaissances, de vivre à une nouvelle époque. Mais est-ce si intéressant ?

La famille et les amis sont l'un des facteurs les plus importants qui lient une personne à une zone spécifique, une ville, un domicile, un travail. L'homme est lié par ceux qui lui sont chers. Et dès que les membres de la famille et les proches de l'individu quittent ses situations de vie, tous les autres lui restent étrangers, l'âme commence à ressentir son inutilité, son abandon, le but de l'existence disparaît, la vie devient inintéressante et vide.

Toute personne est bonne dans un cercle de personnes connu. Quand elle quitte le champ de leur attention, elle disparaît de la sphère spirituelle de la société et se perd dans le monde.

Une personne ne prend pas en compte et sous-estime les aspects psychologiques de l'existence. Et ils jouent un rôle énorme dans sa vie. Avez-vous besoin de l'immortalité quand vous devenez inutile pour quelqu'un ? Errer comme une ombre parmi ceux qui sont indifférents ? Mais cela revient à jouer le rôle d'un clochard. Il sort du cercle des attachements humains car il ne les valorise pas. Et il erre simplement parmi ceux qui vivent dans une ombre pitoyable. Le sentiment de solitude totale et d'inutilité tue une personne. Les sans-abri ne vivent pas longtemps, et ce n'est pas le mode de vie qui joue un rôle ici, mais la psyché humaine, qui commence à travailler pour supprimer ses fonctions vitales et les détruire.

Le lecteur peut suggérer de rendre les parents et les proches immortels dans une telle situation, mais l'immortalité sera toujours très coûteuse. Seuls quelques-uns peuvent l'acheter. Bien sûr, si nous prenons juste une continuation de la vie pendant une période courte de temps pour l'immortalité, alors ici les aspects psychologiques ne joueront pas un rôle particulier. Mais cent vingt-deux cents ans de vie ne sont pas l'immortalité, mais la continuation d'une incarnation[1]. Nous parlons d'éternité.

Une personne immortelle se sentira spirituellement exclue. Elle verra comment les temps, les générations, les villes et les paysages de la planète changent, alors qu'elle reste elle-même en dehors d'eux, car elle n'est pas liée à eux par les nuances du facteur psychologique. Devenant éternelle à cause d'une manipulation quelconque, elle quitte le programme personnel, et perd donc l'interconnexion avec le monde qu'elle donne à tous ceux qui vivent selon le programme.

La psyché humaine est généralement ajustée pour un temps spécifique par le programme. Pour cette raison, elle ressent parfaitement le style moderne dans tout: par exemple, elle voit comment la musique change, certaines chansons deviennent anciennes, d'autres portent de nouvelles énergies. En raison de son sens du temps, elle comprend que certains vêtements et modes sont dépassés, tandis que d'autres sont modernes, etc.

Avec la vie sans fin sur le plan terrestre, la sensation du temps deviendra encore plus palpable: tout commencera simplement à changer comme les pages d'un calendrier.

Beaucoup de choses seront perçues différemment par une personne immortelle que par une mortelle. Mais surtout, elle ressentira toujours l'aliénation de la société par rapport à elle-même car elle sera construite sur d'autres énergies. Elle commencera à la percevoir comme quelque chose d'étranger, donc dans le plan spirituel, ce ne sera pas facile.

Si, dans un premier temps, un groupe de personnes séparées devient immortel et commence à construire une vie heureuse pour les autres, et essaie de les rendre immortels aussi, alors une question doit être posée. Quels genres de personnes seront-elles ? La plus intelligente, la plus décente ou la plus riche? Toutes les bénédictions

---

[1] Voir dictionnaire

sur la Terre sont toujours appréciées avant tout par ceux qui ont beaucoup d'argent. Par conséquent, il faut prévoir que les individus essaieront de tout faire pour devenir immortels. Par conséquent, nous ne parlerons pas des sages immortels, qui sont à la tête de l'humanité. Ils ne seront jamais autorisés à prendre le pouvoir. Tant qu'il y aura des milliardaires, toutes les meilleures réalisations scientifiques leur appartiennent.

Mais même si nous supposons que plusieurs individus décents parviennent à être immortels, leur décence s'évaporera dès qu'ils sentent leur avantage sur les autres, leur invulnérabilité. Ils changeront psychologiquement. Ils ne pourront être ni abattus, ni explosés, ni empoisonnés. Ils commenceront à se délecter de leur nouvel état, car c'est trop inhabituel pour un ancien mortel. Le mendiant se réjouit également de la richesse lorsqu'un héritage lui tombe de manière inattendue. Il n'est pas capable d'utiliser correctement la richesse et la dilapide rapidement. Par conséquent, chacun peut se poser la question: suis-je capable de disposer de l'éternité?

J'ai vu à plusieurs reprises comment une personne change lorsqu'elle devient riche. Quand un individu est pauvre, c'est un individu modeste et calme, et quand l'argent entre, vous êtes étonné de la rapidité avec laquelle il passe de la décence à la malhonnêteté. Cela devient déjà une personnalité complètement différente. Même en peu de temps, une personne est capable de changer qualitativement en son contraire. Par conséquent, vous ne pouvez jamais être sûr qu'une personne devenue immortelle restera la même, gentille et décente.

Dès qu'elle réalisera l'avantage d'un immortel sur un mortel, elle tentera de concentrer le pouvoir entre ses mains. Elle s'efforcera de devenir le dirigeant du monde. S'il s'agit d'un groupe d'individus, il leur sera encore plus facile d'y parvenir. Et puis ils commenceront à lutter pour le pouvoir mondial, à détruire tous les rebelles et les autres deviendront leurs esclaves mortels. La bonne intention augmentera en **un mal mondiale**. On n'obtiendra pas une humanité immortelle mais un esclavage mondial. Les gens seront forcés de servir une poignée d'immortels. Et ils ne voudront jamais partager leurs biens avec les autres. C'est une illusion. Le faible Niveau de développement de l'humanité moderne ne leur permettra pas de partager cela avec les autres. A savoir, le Niveau de développement dicte le comportement humain.

Si, toutefois, nous supposons une autre option, lorsque tout le monde vivant sur la Terre devient immortel à la fois, alors c'est là que posent des problèmes. Je ne parle pas de la résurrection des morts, car la théorie de la réincarnation ne peut pas permettre cela. De quel genre de résurrection de l'âme peut-on parler si elle s'est déjà incarnée dans un autre corps, si c'est déjà une personne vivante? Et maintenant, en lien avec les derniers tests des qualités des âmes, il y a des réincarnations rapides. Même un an plus tard, une âme peut réapparaître sur Terre dans un nouveau corps.

Mais supposons tout de même ce qui rend tout le monde immortel sur la planète. Et encore une fois, il y a une question morale. Est-il nécessaire de rendre immortels les tueurs, les violeurs, les méchants et les cruels? Qui et comment déterminera que cette personne est digne de devenir immortelle et que l'autre ne l'est pas ? L'humanité peut à nouveau être divisée en mortels et en immortels, qui vont se livrer une guerre cruelle les uns contre les autres.

De plus, aucune personne n'est capable d'évaluer correctement une autre personne, incapable de regarder dans son âme. Seul les plus Hauts peuvent le faire.

Les gens sont capables de tromper non seulement les autres mais aussi eux-mêmes. Ils se « construisent » bien, mais l'intérieur est noir. Et personne ne peut le voir. Aucun test n'aidera donc à identifier ceux qui en valent la peine. Le mal sait toujours faire semblant et s'adapter au bien. Et si les malhonnêtes deviennent également immortels, vaut-il la peine de penser à ce qui va suivre?

Mais ce sont toutes les caractéristiques psychologiques de l'existence éternelle des individus parmi les mortels.

Cependant, si un individu connaissait les plans des Supérieurs, alors la question de l'immortalité d'une personne réelle ne se poserait pas du tout. Mais nous en parlerons plus tard.

Considérons maintenant l'immortalité sous un angle différent.

Pour commencer, il existe deux types d'immortalité: dans le corps subtil, ou état énergétique, et dans le corps physique.

Quand on parle d'immortalité, l'homme signifie toujours l'éternité de son enveloppe matérielle car il ne représente tout simplement pas une autre existence énergétique.

L'homme atteint l'immortalité du corps subtil avec le perfectionnement intensif de l'âme. Certaines personnes exécutent avec succès des programmes personnels d'une incarnation à une autre et passent rapidement par une centaine de Niveaux de développement du plan terrestre. Comme les prospères, ils sont transférés dans l'existence éternelle aux Niveaux de la Hiérarchie de Dieu. Ils se sont simplement perfectionnés par leur propre travail vers l'immortalité. Ils le méritent.

Mais une telle immortalité a lieu dans la matière subtile, qui n'est rien de plus que de l'énergie. En conséquence, chaque âme parvient à une telle immortalité: certains viennent plus tôt, d'autres plus tard. Ainsi, **l'homme a une immortalité potentielle mais ne le sait pas.**

Ne comprenant pas l'essence de l'existence dans le monde subtil, l'homme aspire à l'éternité dans un corps matériel, sous la forme dans laquelle il réside habituellement dans la période actuelle.

Dans certains pays, des fonds importants sont alloués à la recherche et au développement de moyens de prolonger la vie. Certains scientifiques ont obtenu certains résultats en maintenant les cellules dans un état actif qui empêche le vieillissement.

L'homme rajeunit dans la plupart des cas grâce à des méthodes artificielles: la chirurgie plastique, le maintien de l'état de l'épanouissement de la peau. Mais tout cela reste une vaine tentative de prolonger la jeunesse.

La dernière innovation est le rajeunissement à l'aide des codes numériques, c'est-à-dire la tentative d'une personne de régénérer son organisme humain. Plus précisément, il s'agit d'une expérience du Plus Haut pour apprendre à une personne à contrôler les processus à l'intérieur de sa matière grâce à de nouvelles méthodes de maîtrise de l'action de l'énergie des nombres.

Bien sûr, l'expérimentation est utile, la recherche est nécessaire. Cependant, en faisant quelque chose de nouveau, l'homme s'approprie complétement l'idée pour lui-même. Mais que ferait-il sans les Supérieurs? Par conséquent, nous devons nous rappeler que les Enseignants de l'humanité expérimentent à travers les gens, c'est-à-dire, dans ce cas, c'est le Système Médical. Et en fait, l'objectif leur était fixé de rendre durable l'enveloppe matérielle de l'âme humaine et comme le possèdent les Systèmes Matériels hautement développés dans d'autres Univers. Par conséquent, le Système Médical, à travers toutes sortes d'expériences des scientifiques terrestres, étudie et développe des méthodes de régénération cellulaires en biomatériau.

Les scientifiques terrestres voient une chose dans leurs recherches et les scientifiques Célestes en voient une autre, plus précisément, ils en voient beaucoup plus. En même temps, ils ne veulent pas du tout rendre l'homme moderne immortel, réalisant que maintenant c'est tout simplement impossible. Mais le travail des expérimentateurs terrestres leur est nécessaire pour un avenir très lointain.

Il faut se souvenir que le Christ a ressuscité des morts et Saint Nicholas de Myre aussi. Mais deux mille ans se sont écoulés après cela, et nous ne sommes pas entrés dans l'éternité dans un corps matériel, car cela n'est pas inclus dans les plans Divins.

L'homme moderne ne peut pas devenir immortel pour de nombreuses raisons. Énumérons-les du point de vue des objectifs les plus élevés. Tout s'explique par les exigences du développement de l'âme.

1. Les gens évoluent selon des programmes qui planifient leur espérance de vie à l'avance. L'homme vit aussi longtemps que les Supérieurs l'estiment nécessaire, en fonction de son karma* et de son degré de développement. Et pas une seule personne, sans l'autorisation des Supérieurs, ne vivra un an de plus que ce qui est écrit dans son programme.

2. Le faible Niveau de développement d'une personne ne lui permet pas de vivre infiniment. Lorsqu'il vit longtemps, même une personnalité progressive commence à se dégrader, ce qui peut conduire au décodage.

3. La moralité humaine n'est pas prête pour l'existence éternelle. Si quelqu'un découvre les méthodes de régénération corporelle maintenant, des abus continus commenceront. Par conséquent, le Très-Haut ne peut pas permettre à ces individus de vivre éternellement.

4. La conquête du temps et le pouvoir sur lui ne contribuera pas à l'utiliser pour l'immortalité, puisque le temps est toujours lié au programme de l'individu, et donc il est associé aux plans des Supérieurs: allonger la vie d'une personne en particulier ou la raccourcir. Les influences individuelles de la personnalité sur le temps ne peuvent être prises pour sa capacité à influencer le cours de son écoulement. Tous les cas individuels sont donnés pour le développement de la pensée humaine et pour certains objectifs des Supérieurs. De plus, le temps est loin de ce que l'homme moderne imagine.

5. La possession des codes n'aidera pas chaque personne à l'heure actuelle à régénérer actuellement son corps car ce sont encore certaines expériences isolées. La cinquième race* est une société à multi-Niveaux. La présence des âmes basses, moyennes et élevées en

elle témoigne de la qualité différente de la matière physique humaine. Chaque Niveau (ou plutôt une certain groupe d'entre eux) nécessitera ses propres codes de traitement. Un code ne peut pas soigner une personne basse et élevée car elles ont une structure différente.

Cependant, dans un futur lointain (à la fin de la sixième, la septième race), c'est une technique très prometteuse pour rajeunir et se restaurer. Les représentants de la sixième race* seront proches les uns des autres en termes de développement, et ils auront donc la même structure. De plus, pour utiliser la technique de rajeunissement, il faut avoir une grande énergie personnelle. Et les gens du futur l'acquerront grâce à la mise en œuvre des programmes triples, et ils n'auront qu'à l'utiliser correctement.

6. Et la principale raison pour laquelle l'immortalité d'une personne moderne est impossible, est le faible Niveau de développement de la matière physique elle-même. Elle n'est pas encore prête pour une existence sans fin. Toutes ses liaisons moléculaires et atomiques n'ont pas atteint le niveau de force qui les maintiendrait en coexistence pour toujours. (Les codes utilisés pour la régénération ne s'appliquent qu'à la matière biologique.). La matière physique elle-même doit atteindre un certain Niveau évolutif afin d'assurer l'éternité de l'enveloppe matérielle humaine. Et quand elle atteindra ce Niveau, par conséquent, la structure et la capacité correspondantes, alors la transition de toute l'humanité vers le stade d'immortalité se produira naturellement.

Autrement dit, ici s'ouvre un autre aspect intéressant: l'immortalité ne s'est pas possible seule.

Le passage à l'immortalité est possible pour toute la civilisation, à condition que la matière physique atteigne une certaine limite de l'évolution.

Il est donc trop tôt pour parler d'éternité maintenant. Il faut se développer et se développer avant cela.

Mais concentrons-nous sur la question: pourquoi un faible degré de développement empêche-t-il l'homme de gagner l'éternité?

L'immortalité est un gros frein à l'amélioration de l'âme de l'homme moderne. Si notre contemporain reçoit un corps éternel, alors à un niveau de perfection de l'humanité (nous n'allons même pas parler de «l'individu personnel»), cela contribuera à la dégradation de la personnalité et la conduira non pas à l'existence éternelle mais à l'oubli éternel, puisque l'âme dégradante peut être simplement décodée.

Si une personne apprend qu'elle est immortelle, elle arrête complètement son développement. Seule la conscience que la vie est finie et que la mort l'attend dans des situations défavorables, elle la pousse à se battre pour chaque jour de son existence, car n'importe lequel d'entre eux peut devenir le dernier. La menace de mort stimule la progression de l'âme.

Maintenant, l'homme se développe, comme on dit, sous le bâton; son intellect est en constante recherche pour ne pas mourir de faim, ne pas geler, apprendre à se soigner, etc. Et l'immortel n'aura plus besoin de nourriture: il connaîtra les méthodes pour remplir les cellules d'énergie et se restaurer ainsi que sa propre force. Et il utilisera son temps libre pour poursuivre sa progression. Mais l'homme Suprême le saura. Et si l'inférieur acquiert l'immortalité, il va simplement s'allonger sur le canapé et regarder la télévision sans une seule pensée dans sa tête. L'incitation à l'étude et au développement disparaîtra complètement.

L'individu moderne ne comprend pas encore le sens de son existence. La vie elle-même ne porte rien pour lui, c'est-à-dire qu'il n'a aucune responsabilité envers qui que ce soit et envers quoi que ce soit car, à son avis, elle est accidentelle, et les événements qui s'y produisent n'ont aucun sens secret. Tout se passe par lui-même, par coïncidence ou par la volonté personnelle d'une personne, et donc sa vie est vide et ennuyeuse, il n'y ressent aucun sens Suprême. Si l'homme se fixe des objectifs, ils sont déformés, et en tirent les mauvaises conclusions.

Par exemple, un individu se fixe comme objectif de devenir un célèbre artiste, un peintre, un poète, un scientifique, c'est-à-dire, il esquisse un plan pour obtenir un résultat. Il apprend, réussit et tout cela contribue à sa progression. Mais dès que le pic souhaité est atteint, l'homme s'arrête dans son développement, commence à vivre de ce qu'il a accompli, et bientôt le processus inverse de dégradation commence. Même l'arrêt du développement est déjà la dégradation. Et tout vient d'un malentendu sur l'essence* de tout objectif. Je suis sûre que la plupart des gens ne comprennent pas correctement leur but parce que la société a déformé les valeurs spirituelles.

L'essence de tout objectif est l'amélioration de l'âme humaine. Un individu n'accomplit quelque chose que pour avancer dans le développement d'un pas en avant. L'homme, généralement, se fixant pour objectif d'atteindre un grand succès dans la vie, ne se souvient jamais de l'âme, qui en même temps accumule certaines qualités et progresse donc. Non, l'être humain n'y pense pas.

Il pense à autre chose: à la gloire, aux bienfaits matériels qui apparaîtront en même temps, au culte des autres. Et c'est déjà une déformation grossière de l'objectif. C'est-à-dire qu'il pense à l'objectif d'atteindre un professionnalisme plus élevé mais il n'y pense pas comme le perfectionnement de l'âme mais l'acquisition de la richesse matérielle maximale possible.

Et cela cache déjà la distorsion des objectifs Supérieurs et des meilleurs principes: des développements positifs de l'âme (développement des qualités professionnelles) l'homme passe à des développements négatifs (la poursuite de l'argent, des choses coûteuses). Une accumulation d'énergies négatives a lieu dans son âme. Et si la poursuite des avantages l'emporte sur les qualités positives de la poursuite du professionnalisme, alors l'âme peut entrer dans un Système négatif.

L'homme à un Niveau ne peut pas se développer infiniment. Il y a toujours un limiteur de Niveau. Mais le lecteur peut affirmer que si Pouchkine n'était pas mort, il aurait pu créer de nombreux nouveaux chefs-d'œuvre. Pourquoi a-t-il été emmené si tôt?

Un développement constant dans n'importe quelle direction, même avec un service désintéressé de l'art au début du chemin, avec de longs progrès, cela conduit finalement une personne à la vanité et la fierté. Cela peut ne pas être remarqué par les autres, mais l'âme gagne des énergies négatives, et personne n'est capable de résister à l'éloge de lui-même par les autres. La louange fait beaucoup de mal à l'âme. Par conséquent, certaines âmes créatives, si ce n'est pour aucune autre raison, sont supprimées avant de commencer à acquérir des énergies négatives.

Les Enseignants d'en Haut donnent à une personne un grand objectif de devenir un professionnel, de développer des qualités positives élevées mais au lieu d'elles, elle développe des énergies négatives. Et en cela, on peut clairement voir la perversion que l'individu produit avec un but, remplaçant le positif par le négatif et le supérieur par l'inférieur.

Ceci est un exemple simple de la façon dont une personne déforme les objectifs personnels et rassemble dans la matrice les énergies qui ne sont pas requises par les Enseignants Suprêmes. Et plus il restera longtemps au sommet de la gloire, plus son âme accumulera d'énergies négatives. Alors, les Supérieurs lui permettront-ils vraiment de continuer cette disgrâce pour trois ou cinq cents ans ? Et l'homme pense-t-il à ce qu'il fera dans l'existence éternelle? Même dans une courte vie, il n'est pas capable de s'occuper de quelque chose d'utile.

Permettez-moi de vous rappeler que **des vies courtes sont données à l'homme afin de pouvoir avoir la possibilité de corriger plus souvent son programme de développement.** L'individu s'écarte systématiquement du chemin correct, et il est constamment renvoyé par le système de réincarnations à ce point de départ, ce qui permet à son âme de développer les qualités nécessaires.

Si la durée de vie est prolongée à mille, ou un million d'années, alors pour un voyage plus long, l'âme s'écartera du chemin correct beaucoup plus que dans une vie courte, et par conséquent, il deviendra plus difficile de corriger les lacunes, et le plus souvent c'est impossible. Les petits ajustements de dose sont plus faciles et la qualité est plus facile à obtenir. La plupart des gens réduisent tout dans leur vie à des biens matériels, remplaçant les valeurs spirituelles par ceux-ci. Et c'est une sérieuse déviation de la progression positive vers la négative, vers le Diable.

Cependant, Dieu crée et éduque les âmes non pas pour lui, mais pour Lui-Même. Par conséquent, il ne permettra pas aux âmes en grand nombre de passer à la Hiérarchie négative (Diable). Dieu va simplement les décoder* et remettre les matrices pures dans une nouvelle circulation du cycle de vie.

Le but de Dieu dans ce cas est d'obtenir des personnalités hautement spirituelles pour Sa Hiérarchie. Par conséquent, il y a toujours des limiteurs qui ne permettent pas aux âmes en grande quantité de dévier vers le Diable. Par conséquent, ils ne seront pas autorisés à vivre éternellement comme ils le veulent: dans les bénédictions et le contentement éternels, dans la poursuite éternelle de l'argent.

Jamais l'argent ne devrait être le but principal de la vie d'une personne positive. Il n'est nécessaire que pour maintenir l'existence physique et servir l'amélioration de l'âme. Lorsque l'argent se transforme en une fin en soi, alors l'âme est soit décodée en conséquence, soit dirigée vers le Diable.

Mais vous pouvez gagner de l'argent pour étudier par vous-même, enseigner aux enfants, apporter un soutien de bienfaisance, aider les écoles, les instituts, les soins de santé, etc. Autrement dit, l'argent acquiert un but positif. Il faut être très prudent avec l'argent pour qu'il n'asservisse pas l'âme.

L'homme ne remarque pas à la poursuite de l'argent lorsque la lutte pour l'existence et le développement se termine et que la dégradation ou l'entrée vers le Système négatif* commence. Il ne saisit pas la limite subtile entre le positif et le négatif.

Seule la Conscience Supérieure comprend dans quelle direction elle doit se développer, ce qui doit être accepté et ce qui doit être abandonné. Par conséquent, avant de passer à l'existence éternelle, il faut atteindre la Conscience Supérieure, c'est-à-dire qu'elle doit correctement la construire en elle-même.

La Conscience Supérieure voit les processus qui conduisent l'âme dans une direction positive et dans une direction négative, contribuant au progrès et à la régression, elle voit la vérité.

Mais l'homme n'est pas capable de gérer correctement son propre développement. Il est constamment fixé sur une chose : devenir un historien célèbre, un violoniste professionnel, un meilleur métallurgiste, un voyageur célèbre, et il s'arrête là. Il ne pense pas au fait qu'il a besoin de changer davantage de profession ou d'un engagement supplémentaire dans la créativité. Il atteint une chose et il s'arrête là.

Mais la direction de la connaissance est trop unilatérale pour l'âme. Elle n'assure pas un perfectionnement complet, même en atteignant le plus haut professionnalisme dans quelque chose de spécifique. La matrice* nécessite d'être remplie de différents types d'énergies. Et l'étude d'une chose par une personne toute sa vie conduit à ne remplir qu'une seule cellule, c'est-à-dire, insuffisamment pour un perfectionnement complet.

De plus, son développement est limité à un monde spécifique. Il est rempli, et alors l'âme ne peut pas rien acquérir de nouveau dans ce monde et dans ce sens. Même le développement unilatéral nécessite une transition vers le prochain plan d'existence ou la participation à un autre type d'activité.

Et si l'on tient compte du fait que l'âme doit être développée de manière globale, ne serait-ce que pour mieux comprendre le monde qui nous entoure, alors il devient clair qu'elle doit constamment changer de profession, de style de vie et passer du Niveau* à un autre Niveau de manière ascendante. La construction même de la cellule matricielle exige une amélioration constante du degré de connaissance pour la remplir puisque la cellule est construite de manière hiérarchique.

Mais personne n'élèvera volontairement ce Niveau parce qu'il ne sait pas dans quelle direction aller, cela est confirmé par l'expérience millénaire de l'humanité. L'individu atteint le niveau de professionnalisme (voire le maximum), puis s'arrête. La cellule matricielle d'un bon ingénieur n'est pas très différente de la cellule d'un académicien travaillant dans le même domaine car la différence de leurs connaissances sur le plan terrestre est minuscule, imperceptible d'en Haut.

L'académicien sait-il dans quelle direction se développer davantage, ce qui a déjà été accumulé dans la matrice? Habituellement, il se repose sur ses lauriers, et le perfectionnement ne va pas plus loin.

Et seuls les Enseignants Supérieurs sont capables de déterminer ce dont il a besoin pour la prochaine étape de développement complet. Pour cela, les matrices sont examinées, la qualité et la quantité de remplissage de chaque cellule sont déterminées, et il est décidé quelles qualités font encore défaut et quelles situations doivent être incluses dans le programme ultérieur de sa vie afin de développer ces qualités. Et un ancien académicien peut devenir un simple paysan pour réprimer sa fierté et développer des qualités telles que la patience et l'amour du prochain.

Et comment le Supérieur* peut-il fournir même à un intellectuel hautement développé, une existence éternelle, si cela dépend dans son développement de l'absorption d'un type d'énergie, alors qu'un ensemble du spectre complet est requis ? Habituellement, beaucoup de personnes qui ont atteint le professionnalisme passent au dogmatisme puissant, parce que la qualité qu'ils ont développée, a atteint un potentiel et une puissance très élevés, et elle commence à étouffer tous les autres germes de la nouveauté. Par conséquent, ils passent du progrès à la régression. Et si, par exemple, un tel professionnel conservateur reçoit l'éternité, il commencera simplement à combattre toutes les nouvelles tendances progressistes, s'appuyant sur une base puissante de connaissances passées. Aucun dogme n'est capable d'accueillir le nouveau parce qu'il brise toujours les fondations de l'ancien, en montrant qu'il (l'ancien) a tort en ceci et en cela. Mais un dogme peut-il admettre que ses connaissances sont basées sur des fausses vérités?

Si vous prenez un simple professeur du XVIe siècle et vous débloquez ses connaissances passées, elles semblent naïves ou incorrectes, dépassées, il est déjà clair que les véritables connaissances de son enseignement passé sont minuscules. Et ce sera toujours comme ça.

Vous ne pouvez jamais supposer que vous avez une certaine connaissance parfaite. L'humanité avance et des nouvelles informations lui sont révélées. Par conséquent, il est donc tout à fait naturel qu'un jour, toutes les connaissances que nous transmettons, soient remplacées par de nouvelles, plus progressives. C'est le cours normal du développement. Toute information n'est correcte que pendant une certaine période de temps.

Ainsi, comme nous l'avons découvert, le plan humain* d'existence, qu'il soit de haut Niveau ou bas, il n'est pas en mesure de comprendre comment progresser davantage. Ceux-ci et d'autres s'arrêtent à une chose: ils considèrent la richesse matérielle comme le sommet de toutes leurs aspirations.

Et il convient de noter que les gens déforment même le concept de la Foi, la conduisant au dogme, et il n'y a pas de développement ultérieur dans la Foi. Et les Enseignants Supérieurs disent:

«La Foi est l'accomplissement de vos actes par rapport à Nos demandes».

Et de quelle genre de foi, les actions parlent-ils quand des gens sont tués au nom de la foi mais bien que le Seigneur ait encore appelé : «Ne tuez pas». Par conséquent, Il est rappelé à l'homme:

«L'évolution de l'âme n'est pas dans la lutte des contraires, mais dans la patience, l'endurance, la capacité de coopérer, la connaissance moderne du Dieu et de ses lois».

Et du fait que tout cela est violé, l'humanité à ce stade de la perfection ne peut pas se fournir une voie de développement continue, et par conséquent, d'immortalité. Elle n'a pas une bonne compréhension des tendances générales du mouvement dans le développement du monde dans lequel elle vit et qu'elle développe aussi. Par conséquent, les Supérieurs ne peuvent pas permettre d'exister éternellement ce qui ne connaît pas les buts du développement général de l'Univers. Tout se développe dans l'unité et l'orientation vers le but le plus Haut.

Il y a encore une autre caractéristique selon laquelle le rêve de l'humanité sur l'éternité ne peut pas encore se réaliser.

L'argent est dépensé pour n'importe quelle vie. C'est analogique à la façon dont les conjoints qui ont des enfants, doivent dépenser de l'argent pour leur entretien jusqu'à ce qu'ils puissent apprendre à subvenir à leurs besoins. Donc, c'est la même chose pour Dieu avec les gens, pour leur vie, il faut dépenser certains moyens, bien sûr, pas de l'argent mais de l'énergie. Et ils ne peuvent pas non plus les dépenser pour ceux qui se sont arrêtés dans le développement, et qui sont donc dégradants. L'homme est obligé de compenser les dépenses de sa propre existence. Il ne devrait pas non plus oublier cela.

Donc, pour de nombreuses raisons, sa vie est artificiellement interrompue d'en Haut, afin de le diriger sur le chemin de la compréhension des nouvelles vérités.

Par conséquent, peu importe comment une personne essaie d'exister pour toujours, cela ne lui sera pas permis à ce stade du développement de l'âme humaine. Bien sûr, elle peut légèrement renouveler et rajeunir, mais elle ne peut pas survivre à la fin de son programme, elle n'a tout simplement pas assez de connaissances et de compétences. Personne n'a réussi à tromper les Supérieurs. Si la fin du programme approche, elle mourra dans l'épanouissement, et les raisons de la mort sont nombreuses, en plus du vieillissement physique. Elle fuira la vieillesse et la maladie, mais aura un accident, elle se régénéra, mais peut simplement mourir dans son sommeil.

Le programme humain définit clairement combien d'années une personne est destinée à vivre, de sorte qu'une personne n'est pas capable de passer outre son influence. Bien sûr, le lecteur peut affirmer que certains lamas ou personnalités avancées sont allés dans une grotte, ont rajeuni et sont revenus. Mais ce sont, comme je l'ai dit, des cas isolés et expérimentaux.

Je soulignerai que l'éternité nécessite deux facteurs principaux: le Niveau de développement de la conscience correspondant et le Niveau de développement correspondant de la matière physique, sa structure spéciale, capable de résister au puissant potentiel de l'âme.

Le potentiel de la matière doit croître avec le potentiel de l'âme.

La matrice est une structure qui se développe et se construit elle-même mais les cellules de la matière physique d'une personne doivent également se renouveler. La correspondance entre le potentiel de l'âme et la matière physique doit être constamment maintenue, c'est-à-dire que le développement de l'un influencera constamment le développement de l'autre.

Ainsi, une personne ne devrait pas s'attendre à l'immortalité dans les deux mille prochaines années. De plus, une diminution de la durée de vie jusqu'à cinquante ans est prévue pour l'humanité suivante, en raison du retard dans le développement de notre cinquième race et de la nécessité d'augmenter la circulation des âmes afin d'éliminer ce retard.

Faut-il chercher la destinée de l'homme

Récemment, de nombreuses méthodes sont apparues pour identifier les capacités des enfants. De cette manière, ils essaient de faciliter le chemin du développement de l'enfant, afin qu'il ne se précipite pas à la recherche de sa place dans la vie et de lui-même dans quelque chose, de sorte qu'il se dirige immédiatement vers l'objectif et qu'il atteigne un succès incroyable. Mais identifier les talents et favoriser leur développement est une chose, et définir le destin de l'homme en est une autre.

Un ami m'a suggéré: «Cherchons le but des enfants. Nous dévoilons les enfants prodiges». Mais nous réfléchissons à ce qu'est l'essence du développement et à la manière dont se déroule l'évolution de l'âme. La définition du but aidera-t-elle l'individu à accélérer la progression de son âme.

En général, on peut parler indéfiniment du développement, de ses aspects. Mais, vu le manque de compréhension des tâches Suprêmes par les gens, il faut revenir sur ce sujet encore et encore.

Il n'est pas nécessaire de découvrir des enfants prodiges. Ils se découvriront eux-mêmes par leurs talents inhabituels. Mais d'où viennent-ils?

Rappelons-nous d'abord de nos informations passées, exposées dans d'autres livres, que les capacités et les talents ne sont pas un don d'en Haut, mais les développements de l'âme elle-même, ce sont les grains d'énergie « dorés » que l'homme a accumulés grâce au travail acharné dans les lieux secrets de sa matrice de son âme. Et le degré de maîtrise s'explique par la quantité d'énergie de la qualité correspondante accumulée dans les cellules de la matrice. Peu d'accumulations dans l'âme, sont une faible manifestation des capacités et beaucoup d'accumulations, une personne brille de talent. Par conséquent, les capacités ne doivent pas tant être découvertes que développées et se développer en augmentant les accumulations personnelles de la matrice.

Les enfants prodiges émergent de ces âmes qui se sont développées avec succès dans le passé et ont acquis des qualités stables. Un développement ultérieur dans cette direction fournira un spécialiste de haute classe.

La pouvoir du talent vient du travail acharné de l'âme. Dieu ne donne à chaque personne qu'une opportunité de développer des capacités, d'accumuler des compétences et de la perfection, malgré les difficultés et les adversités. Et en observant le zèle de telle ou telle âme, comme récompense, Dieu construit le programme principal de sa vie entièrement sur la créativité. Dans ce cas, de grands musiciens, artistes, architectes et poètes apparaissent.

Mais ils ne deviennent pas grands pour se baigner dans les rayons de gloire et vivre dans le luxe. Ils deviennent grands pour servir d'exemple spirituel aux jeunes âmes qui commencent à peine leur développement, un exemple auquel leur âmes aspireraient. Mais après tout, chacun du fait de son développement, est obligé d'atteindre la même perfection... mais après plusieurs incarnations ultérieures.

Il est impossible d'arriver à la perfection en une seule vie. Par conséquent, chaque individu doit d'abord se préparer à un grand travail et puis un jour (s'il le veut lui-même), il peut devenir grand aux yeux des personnes subalternes. Mais certaines âmes acquièrent une conscience si élevée au cours du perfectionnement qu'elles refusent la place des «grands», parce qu'elles comprennent sa vraie signification et son essence.

Afin de déterminer les penchants de l'enfant, aucune méthode et aucun calcul spéciaux ne sont nécessaires, il suffit de le regarder de plus près. Toutes les tendances, les capacités et les talents sont associés aux souhaits de l'enfant (ou de ses parents).

Mais souvent, les parents imposent leurs désirs aux enfants, c'est-à-dire qu'ils leur imposent quelque chose qui n'est pas inclus dans leur programme, ce qui les empêche de ressentir leurs propres aptitudes intérieures. Si l'enfant n'est pas gêné, mais uniquement en l'observant, ses penchants prédominants peuvent être facilement détectés.

Les désirs de l'enfant sont liés à son programme et le programme définit l'objectif du développement.

(Les désirs bas comme les tentations, peuvent être imposés par un Système négatif, vous devez donc être en mesure de comprendre quels désirs viennent de quoi.)

Mais il n'est pas toujours possible de juger selon les capacités précoces des enfants qui se manifestent au début de leur destinée. Après tout, **chaque étape de la vie correspond à leurs désirs** et à leurs capacités. Le programme de développement est construit de manière à contribuer à la progression, et pour cela la personne doit être intéressée par quelque chose. Mais il est clair que les intérêts, à l'âge de six ans, ne peuvent coïncider avec les intérêts d'une même personne à vingt ou quarante ans.

Par conséquent, toute la vie d'une personne est divisée en certaines périodes, et pour chaque période, le programme comprend des intérêts qui correspondent au Niveau (degré) de développement de la personnalité et aux conditions de l'environnement dans lesquelles il se retrouve.

Jusqu'à sept ans, un enfant peut utiliser les capacités qu'il a acquises dans une vie passée: il sait bien dessiner, danser à cet âge, parce qu'il l'a fait dans le passé. Un tel enfant peut être pris pour un prodige, car en comparaison avec d'autres jeunes âmes, ses capacités serviront de contraste frappant à leur incapacité.

Mais cela ne signifie pas que les capacités passées lui sont nécessaires dans sa vie actuelle comme direction principale du développement. Pour l'étape actuelle, il ne lui suffit plus d'être artiste, musicien ou poète. Il a besoin de se développer davantage, par conséquent, malgré les passe-temps et les talents d'enfance, il devient un avocat ou un chef d'entreprise, et les capacités qui se sont manifestées auparavant, vont de pair. Ils l'aident à se détendre dans les moments de stress et à décorer sa vie avec l'inspiration de la créativité.

Ils sont le fondement sur lequel se forme un véritable goût élevé de l'homme, son sens développé du grand art, et sur lequel la capacité à évaluer professionnellement les œuvres d'art d'autrui se construit. Cela ne peut se faire sans l'accumulation de connaissances antérieures similaires.

Parfois, les capacités antérieures de l'homme sont fermées parce que dans la vie réelle, il est destiné à maîtriser toute relation d'affaires ordinaires, ou à travailler dans un domaine complètement différent. Il est complètement concentré sur le nouveau. Et puis, les capacités passées ne se manifesteront que dans la qualité de son goût. Souvent, avant l'âge de sept ans, un enfant a immédiatement la possibilité de développer dans une nouvelle direction: jouer un instrument musical, apprendre une langue étrangère, maîtriser les divers sports, étudier les mathématiques, les échecs, etc. Par conséquent, vous devez enseigner à l'enfant tout ce qui est possible. Cela continuera soit à développer d'autres capacités existantes, soit à en développer de nouvelles. Mais l'un et l'autre sont nécessaires. Tout doit être perfectionné.

Mais comment distinguer les capacités passées de celles qui doivent être développées? Est-ce possible en principe?

Les capacités passées se manifestent, mais l'âme leur est indifférente, elle n'a pas envie de les développer davantage. Et les capacités dont elle a besoin pour se développer dans le futur, éveilleront constamment en elle le désir de créer, de travailler dans ce sens, jour et nuit, la forceront à lutter pour ces actions qui contribueront à l'acquisition de nouvelles compétences ou à la poursuite du perfectionnement des compétences existantes. Autrement dit, une personne ne peut révéler que des capacités, des talents mais elle ne pourra jamais déterminer le destin d'un autre individu parce que personne ne lui permettra de se pencher sur le programme de quelqu'un d'autre.

Certes, certaines situations de la vie d'une personne sont révélées à des voyants individuels mais ce ne sont que des fragments isolés de sa vie future. Ils les dévoilent spécifiquement pour que l'individu comprenne toutes les situations.

Mais le destin d'une personne n'est donné à personne de savoir, parce que c'est le secret de son développement. Il y a, bien sûr, des cas isolés donnés d'en Haut, mais ils ont tous un certain but - faire avancer la pensée des gens dans la bonne direction. Même nous, les messagers, n'avons jamais été informés de notre mission, bien que beaucoup aient obstinément cherché à découvrir leur mission par des contacts. Mais une fois, lorsqu'un des membres du groupe a posé des questions sur sa mission, les Suprêmes ont répondu que le chemin de l'homme serait trop facile s'il connaissait le but principal de son séjour sur la Terre. Au fait, je dirais que, parmi ceux que j'ai énumérés dans notre groupe de travail dans le livre «L'esprit Supérieur révèle les mystères», tous ne sont pas des messagers et n'ont pas des noms cosmiques. Mais je ne dis pas spécialement qui est qui.

Mais pourquoi n'est-il pas souhaitable de lui parler du destin d'une personne? Y a-t-il un mal à cela?

Voici le point. Une personne ne doit pas connaître son destin, mais doit le ressentir sur le plan intuitif et tâcher de l'accomplir. L'essence de la perfection de l'âme consiste dans la recherche, dans le choix fait par une personne entre le bien et le mal. Si une personne apprend à écouter l'appel de sa propre âme (et elle le confond souvent avec les désirs du corps), elle développera l'intuition, aiguisera la capacité de ressentir son programme personnel et, par conséquent, à se réunir avec les plans du Très-Haut, ce qu'ils essaient justement de réaliser.

Si l'individu connaît son destin, la recherche disparaîtra de sa vie et de nombreux moments éducatifs seront éliminés. Il ira directement au but. Son ignorance révélera les défauts et les vices de l'homme car pendant la période de recherche, il a toujours le choix entre le bien et le mal. Et c'est très important, parce que, ne connaissant pas sa destinée, lorsque la mémoire du passé est fermée, une personne peut commettre à la fois des méchancetés et des actes élevés, selon son choix. C'est une grande importance pour déterminer la qualité de son âme.

En raison du choix, l'homme gagne des points, construit son contenu intérieur. Il est constamment tourmenté à la recherche : de ce qu'il préfère dans telle ou telle situation, de ce qui l'arrête. Son cerveau l'analyse, l'âme travaille, et le résultat sera résumé après la mort.

Ce ne sont pas les grades, les titres et les médailles qui seront le résultat de sa vie mais les qualités que l'âme a acquises grâce à ses propres aspirations et à ses choix. Le développement de l'âme est très apprécié par Dieu. Avec de nombreux grades et titres, il est facile de tomber dans le Système négatif, c'est-à-dire le Diable, car les chemins choisis correspondent à ses méthodes de développement.

Mais même si nous supposons que son destin sera révélé à une personne, qu'est-ce que cela lui apportera? Contribuera-t-il à la qualité de sa mise en œuvre du programme? Bien sûr, dans ce cas, la tâche est beaucoup plus facile. Cela peut être comparé à la résolution d'un problème complexe par un élève. Dans un cas, on lui communique le résultat final, et dans l'autre cas, il reste inconnu. Naturellement, la première option facilite la recherche. Mais avant qu'une personne n'atteigne son destin, elle devra faire beaucoup et apprendre beaucoup.

La simple présence d'une mission spéciale dans le programme ne signifie rien, car les tests sont toujours donnés et des concurrents sont toujours donnés. Et si une situation n'est pas résolue de la manière qui convient au Suprême, votre place dans la société sera prise par un autre, qui réussira mieux à résoudre les tâches.

Toute personne qui accomplit des tâches importantes pour la société, a des doublures. Par conséquent, on peut donc dire qu'un destin a plusieurs exécuteurs, ou plus précisément, plusieurs candidats. Ainsi, neuf d'entre eux ne rempliront pas leur destin, et le dixième le fera. Par conséquent, déclarer à une personne son but ne signifie pas qu'il sera rempli. La prédiction ne peut être réalisée que si le prédicteur voit une situation liée au point principal de son programme. Mais lui-même peut tout simplement ne pas comprendre cela.

Par exemple, vous pouvez prédire à quelqu'un qu'il sera président. Cette option est incluse dans son programme. Mais, cette prédiction ne signifie pas qu'une large route vers le sommet est ouverte à cette personne. Pour atteindre cet objectif, une personne devra travailler dur sur elle-même pendant longtemps, étudier beaucoup, comprendre, passer par de nombreux tests. Et seulement après avoir dépassé ses concurrents dans tout cela, elle pourra prendre ce poste. Donc, comme nous pouvons le voir, le destin de tout le monde n'est pas justifié.

En outre, il est nécessaire de souligner une autre particularité. Pour la réalisation de n'importe quel but, des conditions spécifiques sont requises. Pour que l'homme puisse réaliser sa mission, un certain environnement est nécessaire et, sans lui, la manifestation d'une personne dans la qualité spécifiée ne se produira pas. Une personne peut être informée de son but, mais comme la société a également des variantes de développement, dont le choix dépend de d'autres personnes, ces dernières peuvent alors choisir un chemin dont les situations ne correspondent pas à la réalisation de la personne donnée. Autrement dit, dans la société, de telles situations peuvent survenir dans lesquelles le besoin de cette personne particulière disparaîtra. D'autres personnes avec des capacités différentes seront nécessaires.

Ainsi, par exemple, des économistes peuvent être nécessaires, pas des politiciens, des créateurs et pas des destructeurs. Autrement dit, il existe de nombreux facteurs qui entraveront avec la divulgation du destin d'une personne.

Il est très important de savoir dans quel environnement social une personne se trouvera au cours de son choix personnel ou social lorsque, en raison de nombreuses circonstances, l'ensemble de la société se tourne vers une certaine variante résultante du mode de développement.

Du fait du choix,   de nombreuses situations changent qualitativement: au lieu d'un environnement positif, l'individu se retrouve dans un environnement négatif. Au quotidien, cela se présente comme suit : un homme entre dans un groupe de personnes, qui est dominé par les individus du Système négatif, et ceux-ci le répriment constamment et l'empêchent de s'exprimer. Et là, il sera important de pouvoir défendre et confronter, plutôt que de mener à bien une mission de création. Autrement dit, les situations d'un autre chemin de la société exigeront que l'individu développe d'autres qualités que celles associées à l'accomplissement de son destin sur un autre chemin.

En outre, les destinées de nombreuses personnes changent au cours de leur vie. Aujourd'hui, elles font une chose, demain une autre. La vie elle-même est constamment transformée, reconstruite et oblige une personne à s'adapter à de nouvelles conditions.

Mais la gamme des destinées humaines est très vaste. Ne vous attardez pas seulement à ce qui est grand et important. L'un est destiné à devenir un concierge, un second est un cuisinier, un troisième est un agriculteur. Et qui peut dire qu'aucun d'entre eux n'est important ? Tous sont nécessaires aux gens, et ainsi tous sont nécessaires à notre société et à chacun d'entre nous.

En outre, il est néfaste d'orienter l'homme vers des missions de haut niveau car cela contribue à la formation de nombreuses qualités négatives: l'arrogance, la vanité, la fierté, etc.

L'homme ne doit pas s'accrocher à ses destins et à ses missions. Il doit rester un créateur libre du monde et de son âme. Pour l'individu, ce n'est pas le but qui importe, mais l'accomplissement consciencieux de ses devoirs et le développement maximal possible dans le sens de l'intérêt.

Une personne se fixe incorrectement des objectifs oubliant la perfection spirituelle. Mais il ne faut pas viser des titres mais le professionnalisme, pour une compréhension maximale de ce avec quoi on travaille. Et il ne faut pas travailler pour l'argent, les chalets, les voitures et d'autres biens matériels, mais pour le perfectionnement de l'âme, et pas seulement la sienne mais celle de n'importe quelle âme. Tout ce qui est matériel, restera sur la Terre et s'effondrera en poussière, et ce qui s'accumule dans l'âme, facilitera le destin futur ou l'aggravera.

Le destin de chacun est d'être l'Homme dans le meilleur sens du terme parce que Dieu a créé cette forme spécifiquement pour certains buts cosmiques et Il attend d'une personne, la bonté et de la miséricorde, la compassion et l'amour pour les autres. Toute destinée sur Terre vise à élever une personnalité parfaite, une âme parfaite, digne d'une transition vers la Hiérarchie de Dieu.

«...» - textes reçus par le contact.

Chapitre 2
La théorie énergétique de l'évolution des minéraux et des plantes

La Terre entière évolue au fil du temps. Et c'est le résultat du développement de son enveloppe matérielle et de son âme. Mais l'enveloppe matérielle se transforme, s'adaptant aux besoins des composantes spirituelles en constante évolution de la planète. Et la corrélation est ici la suivante: la progression de l'âme de la planète provoque la progression de sa matière physique.

Comme nous le savons déjà, toute évolution est liée au travail avec les énergies. Tout ce qui existe sur la Terre, au cours de sa vie, transforme les énergies de certains types en d'autres, mais il y a toujours une transformation des basses fréquences en des fréquences plus élevées, contribuant ainsi à la perfection de sa propre âme et en même temps réalisant l'évolution des énergies elles-mêmes.

La transformation de tout état s'accompagne de l'acquisition d'énergie ou son retour, c'est-à-dire, dans un cas, certaines dépenses, et dans un autre cas, certains travaux pour reconstituer les coûts. Cependant, ce sont tous des mots généraux. Mais comment, en fait, se déroule l'évolution de l'atmosphère, et donc, du biochamp de la planète et de ses massifs d'eau ?

Si nous partons du fait que tous les êtres vivants progressent, alors les changements affectent inévitablement les mers et l'atmosphère car elles sont étroitement liées à elles.

Les plantes, les animaux, les hommes, transformés selon les nouvelles exigences de l'époque, introduisent au cours de leur vie des matières organiques modifiées, des micro-éléments dans le sol, exhalent des composés gazeux modifiés dans l'air et après leur mort, lorsqu'ils pénètrent dans le sol, se décomposent en de nouveaux composants énergétiques et modifient ainsi la matière qui les entoure.

De plus, l'atmosphère a une certaine structure fine, qui permet aux éléments gazeux, en fonction de leur densité de s'installer de manière régulière de la surface de la planète à son enveloppe extérieure.

L'atmosphère ne pourrait pas être tenue par la planète et être un contenu constant si cette enveloppe et sa structure fine spéciale étaient absentes. La force d'attraction seule ne suffit pas ici. Toutes sortes de vents cosmiques et d'ouragans le souffleraient et perturberaient sa composition.

L'atmosphère est en ordre. Le degré de sa densité et de sa raréfaction est dû à la présence des structures fines qui maintiennent une certaine composition, la concentration et les paramètres requis de l'enveloppe extérieure de la planète. De même, les enveloppes humaines ont une construction particulière et ne retiennent que les accumulations qui leur correspondent. Elles fournissent également son individualité.

De même, l'eau (rivières, mers, océans) a sa structure constructive fine, qui permet de retenir les masses d'eau dans des volumes et des endroits spécifiés. La localisation des mers, des océans, des rivières sur la planète n'est pas arbitraire mais elle est déterminée par des fonctions physiques de la Terre, et liées aux mécanismes de redistribution et d'accumulation de l'énergie par la planète.

L'atmosphère et les mers ne sont pas des sources de mouvement chaotique de leurs composants. Elles disposent de mécanismes spécifiques qui leur permettent de participer à certains processus et de ne pas participer à d'autres, accumulant certains éléments et n'en incluant pas d'autres dans leur composition. Les processus physiques sont contrôlés par des mécanismes subtils, et l'eau, comme l'atmosphère, possède son propre cadre subtil, qui ne reste pas constant mais est soumis à des corrections au fil du temps.

Sur notre planète, tout est tellement interconnecté que la correction de quelque chose se propage immédiatement par une réaction en chaîne sur tout le reste, ne laissant rien au même Niveau et dans le même état. Par conséquent, lorsque des changements globaux se produisent dans au moins une couche de la planète, ils se propagent progressivement à toutes les autres couches.

Les changements dans les mers, le sol, l'atmosphère sont perceptibles pour une personne, même à l'œil nu. Et cela est d'autant plus confirmé par des recherches en laboratoire, des analyses chimiques et physiques.

Mais comment, par exemple, se produit l'évolution des minéraux, si pour une personne, une pierre reste toujours une pierre, à première vue, dans sa structure et sa composition chimique? Seules ses dimensions peuvent changer. Mais quel est son évolution? A quoi aspire l'évolution du minéral?

Pour répondre à ces questions, regardons de plus près la pierre.

Si nous prenons n'importe quel minéral, nous verrons comment certains d'entre eux se développent et modifient leur structure cristalline, même sur une courte période de temps. Les cristaux de quartz et de roche se développent, la composition chimique et la structure des autres minéraux changent avec le temps, et tout changement est un processus, soit du développement, soit de la dégradation (destruction). Les deux signifient un processus évolutif dans ses deux opposés. La direction des énergies vers le haut est appelé catabolisme, leur transformation vers le bas est appelée anabolisme.

L'évolution est comprise comme le processus de transition vers un Niveau d'énergie plus élevé, et l'involution est une transition vers un Niveau inférieur. La transformation de l'énergie dans les deux sens est infinie.

Dans le Cosmos, rien ne reste immobile sur la Terre aussi, et la vérité selon laquelle «tout coule, tout change» est aussi vieille que notre monde, si bien que notre planète est aujourd'hui complètement différente de ce qu'elle était il y a plusieurs millions et des milliards d'années. Autrefois sans vie et primitive, elle a tellement évolué qu'elle est devenue une planète complexe hautement développée.

Comment l'évolution s'est-elle déroulée avant et comment se passe-t-elle maintenant ? Quel a été sa première impulsion?

Et peut-être, il faudrait commencer par la dernière question pour voir l'intégrité du déroulement du processus au moins pendant une certaine période, car tout ce qu'une personne considère, fait toujours partie de quelque chose qui fonctionne depuis longtemps. Tout début est relatif, mais pris comme un point de référence ou de considération uniquement pour des raisons de commodité. C'est pourquoi le point de départ de notre évolution n'est pas tant primaire que conditionnel, parce que nos connaissances représenteront toujours un grain dans l'océan d'informations illimitées.

Mais répondons à la dernière question. La première impulsion à l'évolution du plan terrestre a été le démarrage du programme d'en Haut, pourrait-on dire, la mise en marche d'un "bouton de démarrage".

L'évolution sur la Terre procède selon le programme de la première impulsion qui, selon les astrophysiciens, est une explosion, comprenant un certain processus en action

Mais pour que cette explosion se produise, une énergie "de départ" supplémentaire est communiquée au volume prévu, envoyée par les Essences Suprêmes*, qui sont engagées dans la mise en œuvre du projet qui leur est confié dans la vie.

Ce volume contient un nombre calculé d'éléments primaires spécialement créés et développés par le Très-Haut pour la création de ce type de matière physique. L'explosion est nécessaire pour activer le programme qui force les éléments à se connecter, d'interagir dans l'ordre qui commence à construire le monde.

L'énergie d'explosion est utilisée pour la construction des premiers éléments de liaisons. Et puis il y a un très long processus de la construction d'une chaîne de toutes sortes d'espaces, de galaxies, de mondes jusqu'à ce que le tour de ce processus atteigne des planètes individuelles. Les systèmes planétaires, y compris le Système Solaire commencent à se former. Et conformément aux plans du Très-Haut, au stade requis de son développement, l'enveloppe matérielle de la Terre est formée.

Bien sûr, ici une personne peut voir une contradiction dans l'information que nous donnons: d'un part, nous disons que la Terre, son âme a été créée par Dieu, et construite ; d'autre part, nous parlons d'une sorte d'explosion comme un point de départ d'évolution de l'Univers et du monde terrestre.

Oui, la matrice de la Terre a été créée, comme la matrice de l'âme humaine, par Dieu et ses Assistants. Mais chez une personne, le moment de la naissance est pris comme un point de départ de son développement, également comme un certain facteur conditionnel, puisque la préparation préliminaire de sa naissance commence bien avant la conception. Et cette préparation est également effectuée par les Essences Supérieures.

De même, pour la Terre, conventionnellement pour ce point, nous prenons cette explosion comme point de départ qui, à partir d'une masse physique donnée, a formé l'Univers matériel et tous ses éléments constitutifs, qui peuvent être considérés comme des systèmes planétaires. La Terre est apparue à un certain stade de son développement selon le programme.

Tout a été calculé et planifié à l'avance, divisé en étapes de développement, et chaque étape selon le programme et sous certaines conditions, a construit ce qui était prévu par les plans d'En Haut. C'est-à-dire que nous disons par-là que toute évolution n'est pas arbitraire mais contrôlée et ciblée. C'est toujours le Niveau de développement plus élevé qui contrôle l'évolution du Niveau inférieur.

Par conséquent, chaque monde des minéraux, des plantes, des animaux, etc. dans leurs étapes successives, a été planifié au préalable plutôt que d'apparaître spontanément ou par la volonté de la nature «sage».

L'évolution des minéraux, ainsi que des plantes, a été planifiée bien avant qu'elle ne se produise. Bien qu'il y ait eu aussi des déviations par rapport aux plans prévus, mais ensuite tout a été corrigé par des catastrophes soudaines, des inondations, des actes des éléments, etc. Les mondes ont été construits et reconstruits.

Ainsi, les formes de différents types de pierres (granit, basalte, marbre, etc.) ont été spécialement conçues, tout comme les formes des plantes (rose, lilas, cactus, pins, etc.). Pour chaque type des formes matérielles, des constructions spéciales ont été créées dont le mécanisme d'action était guidé par certains processus et le traitement d'une gamme d'énergies strictement spécifique.

En outre, toutes les formes ont changé de manière constructive au fil du temps, conformément aux exigences de l'environnement modifié et aux objectifs fixés pour eux. Comme un code génétique intégré dans la graine d'un arbre (qui est aussi un programme privé), se déroule progressivement sa structure dans le temps, tout comme les minéraux. Les processus en eux changent avec le temps.

Les processus dans les minéraux et les plantes étaient contrôlés par des programmes privés. Des formes séparées, après avoir été créées par les Créateurs Suprêmes avec toutes les complexités des processus, ont été données à la Terre pour la production, c'est-à-dire que leurs programmes privés ont été inclus dans son programme général. Et la planète a commencé à former leurs enveloppes matérielles en elle-même, mais selon le but qui lui a été fixé. Voici le mécanisme, lorsqu'un organisme en génère un autre, une forme physique en génère une autre. Et cela fonctionne de la même manière chez les humains: une personne en donne naissance à une autre dans des conditions appropriées.

Certains types de minéraux ont été créés par la planète dans certaines conditions de température, d'humidité et de pression, et d'autres types dans d'autres paramètres. La quantité des éléments initialement spécifiés, les paramètres de l'environnement et le programme ont été les régulateurs de leur composition numérique.

Les éléments chimiques combinés selon certaines lois de leurs programmes particuliers, ont créé des atomes et des molécules, des substances spécifiques (planifiées), et ceux-ci, à leur tour, ont formé des minéraux dans les conditions de milieu et de pression requises. Des structures amorphes et cristallines sont apparues.

De cette façon, la Terre a créé les formes dans lesquelles, les matrices des âmes ont été déposées à partir d'un certain stade, qui ont géré individuellement leurs programmes privés. C'étaient les matrices initiales avec un ensemble minimal initial d'énergies, qui ont commencé à former l'individualité des minéraux et à influencer les particularités des processus en eux.

Une énergie indépendante intelligente apparaît dans les minéraux, et des processus se produisent, créant un composite de la future âme d'une pierre.

Le développement des minéraux prend des millions d'années. Ils sont affectés par des pressions colossales, des températures, des champs magnétiques et électriques et d'autres facteurs. Sous leur influence, l'énergie primaire à l'intérieur d'eux est transformée en une forme qualitativement plus élevée.

Les minéraux travaillent pour la planète. Accomplissant certaines fonctions, ils lui ont fourni de l'énergie et ont en même temps développé leur matrice. Ses cellules se remplissaient progressivement d'énergies acquises par la participation à des processus de toutes les énergies possibles. C'est ainsi qu'a commencé l'évolution de l'âme du plan terrestre. (Le point de départ de l'évolution de telles âmes peut être considéré comme leur séjour dans les minéraux, ou on peut considérer le moment de la création de la matrice par les Essences Supérieures.)

Dans leurs processus, les minéraux sont toujours liés à l'âme de la planète elle-même, car ils lui assurent une existence normale en conservant sa forme matérielle. Les énergo-accumulations s'effectuent à la fois dans les matrices de pierres et dans la matrice de la planète, l'énergopotentiel* de chacune augmente.

Le temps peut également être compté comme l'un des facteurs qui transforment les énergies, car sans lui, aucune transformation ne se produira du tout.

Sous l'influence de nombreux facteurs agissant à l'extérieur des minéraux, il y a un changement dans la qualité de l'énergie à l'intérieur d'eux et par conséquent l'énergie primaire évolue. Les minéraux ont des réincarnations d'« âmes », c'est-à-dire le traitement des énergies dans différentes enveloppes au fil du temps, ce qui signifie la participation à toutes sortes de processus. Dans les minéraux, l'énergie est converti pendant très longtemps mais au cours d'un processus qui dure des millions d'années.

Les énergies de l'âme sont des énergies subtiles mais pas matérielles, ni physiques. Une énergie subtile est produite dans les minéraux au cours de leur activité vitale. Mais pour faire un saut évolutif et qualitatif, elle doit atteindre une certaine valeur, qui constitue le potentiel énergétique le plus élevé pour leur plan ou Niveau d'existence, ce qui lui permet de passer au Niveau suivant dans une autre forme d'existence. Elle peut être dirigée vers le monde des micro-organismes ou des insectes, vers certaines espèces végétales.

Les minéraux ne sont pas égaux dans leur niveau de développement. Bien sûr, ceux qui ont atteint une plus grande quantité d'énergie, peuvent aussi être considérés comme plus développés. Par exemple, un minéral a atteint un Niveau énergétique de trois unités conventionnelles en deux millions d'années, tandis qu'un autre atteindra quarante unités conventionnelles dans la même période. Naturellement, le second s'est avéré plus progressif et «intelligent», donc le processus évolutif d'une telle âme peut encore être encore accéléré. Ou bien, il ne sera pas accéléré, mais le côté qualité de l'énergie de l'âme s'améliorera avec la même période de temps.

Les sauts-transitions évolutifs d'un Niveau à un autre ne se produisent pas nécessairement simultanément pour tout le monde. Fondamentalement, les sauts sont effectués individuellement, car les énergies sont prêtes. Mais les sauts évolutifs généraux ont nécessairement lieu. Dans la période spéciale, les changements d'énergie se produisent de manière cyclique, c'est-à-dire, à certains intervalles de temps.

Les cycles d'un plan général fonctionnent dans l'espace, et tous les mondes sont soumis à leur influence. Les cycles jouent un rôle dominant pour tout ce qui se développe et la plupart des formes progressives s'y adaptent dans leur développement.

Pendant la période de changements généraux, toute la chaîne des Niveaux hiérarchiques se déplace. Les classes d'une école effectuent des transitions en fin d'année : de la première à la deuxième, de la deuxième à la troisième, ainsi de suite, bien que des unités individuelles puissent être laissées pour la deuxième année.

Sur la Terre et dans l'espace, tout est plus compliqué et peut-être se déroule plus cruellement. Pendant les périodes de sauts, toutes les âmes qui n'ont pas réussi à atteindre un certain Niveau de perfection, sont décodées. Elles ne sont même pas punies pour l'échec scolaire, mais simplement détruites pour avoir échoué, il est donc important de respecter le temps qui vous est alloué dans le développement.

Mais il existe des formes individuelles qui sont en avance sur leurs semblables en progression. Les exemplaires uniques des formes progressives les plus réussies peuvent utiliser leurs propres capacités pour leurs transitions vers des Niveaux supérieurs, et leurs transitions sont effectuées en dehors des cycles.

Mais revenons aux minéraux. Pour que ce changement se produise, ils ont dû commencer leur évolution plusieurs millions d'années plus tôt et préparer les matrices existantes en elles pour les besoins appropriés.

Le développement individuel permet aux minéraux individuels de dépasser d'autres minéraux dans leur progression. Mais comment y parviennent-ils ? Il est certain que les programmes sont de première importance. Mais il n'y a pas de programmes spéciaux conçus pour cela. Alors, pourquoi un minéral dépasse-t-il un autre dans son développement ?

Les minéraux, comme les gens, réagissent différemment aux conditions environnementales, par exemple à la même pression ou à la même température, de sorte que le processus de traitement des énergies physiques et la production d'énergies subtiles à l'intérieur sera différent, et la qualité de l'énergie reçue par la matrice sera individuelle.

Une caractéristique du développement des minéraux est leur absence de dégradation. Mais ils ont déjà un mécanisme de séparation des énergies en positives et en négatives. Les minéraux sont capables de produire de l'énergie de signe positif et négatif. Le signe de l'énergie produite, c'est-à-dire le processus qui contribuera à la production d'énergie du signe nécessaire, est posé par le programme d'en Haut et dépend de la structure interne du minéral.

Mais à partir d'un certain Niveau de développement, le minéral lui-même est capable de choisir le sens du mouvement du processus, c'est-à-dire qu'il est lui-même capable de produire des énergies de telle ou telle qualité. Cela leur permet de développer leur individualité. Mais

46

le choix n'est donné, je le souligne, qu'à partir d'un certain Niveau.

Le monde des minéraux, en tant que Niveau, est subdivisé en sous-niveaux, c'est-à-dire qu'il a sa propre hiérarchie. Par conséquent, dans le monde des minéraux, il existe à la fois des âmes très jeunes avec une accumulation minimale d'énergies dans la matrice et des anciennes âmes avec un grand ensemble d'énergies.

Les minéraux participent à différents processus sur la planète, et certains d'entre eux accumulent plus d'énergies négatives, d'autres accumulent plus celles positives. Par conséquent, certaines pierres ont un effet négatif sur les humains et les animaux (avec un signe négatif), et d'autres, au contraire, ont un effet bénéfique (avec un signe positif). Plus la composition qualitative du minéral est identique à la composition qualitative de la matrice humaine, plus elle lui convient.

En outre, les pierres absorbent bien l'énergie humaine, bien qu'elles ne possèdent pas elles-mêmes ce type d'énergie, ou plutôt elles ne le produisent pas. Par conséquent, une personne avec un énerogpotentiel puissant, et donc de grandes énergo-accumulations, peut en transférer une partie sur une pierre avec une certaine attitude envers le bien ou le mal. D'où l'apparition des amulettes.

Les minéraux par leurs énergies matérielles sont associés aux planètes du Système Solaire. Il existe douze types de ces minéraux. Ce sont les douze types d'énergies physiques avec lesquelles les minéraux travaillent en fonction de leur type.

Les pierres contiennent des processus qui leur permettent d'échanger des énergies de type physique avec leur planète et le monde vivant, y compris les processus ultérieurs de la réaction, grâce auxquels leur transformation en énergies subtiles commence.

Selon les types matériels d'énergies traitées, les minéraux ont quelque chose en commun avec les plantes, les animaux, les humains, qui sont également liés à ces planètes et travaillent sur leurs énergies de la gamme physique.

Ainsi, par le système des planètes connectées, notre Terre est divisée en douze zones, dont chacune fonctionne dans la gamme de fréquences prévue. Chaque maillon dans n'importe quelle zone génère une fréquence correspondant à son type. Dans le même temps, tous les Niveaux de la planète sont liés zodiacalement les uns aux autres. Par conséquent, les minéraux de la zone «deux» produiront les fréquences énergétiques nécessaires aux plantes de cette zone, et les minéraux de la zone «huit» produiront les énergies nécessaires à leur zone. Et en même temps, ils seront liés à la planète du Système Solaire, fonctionnant aux fréquences de la zone «huit», et cette interaction s'étendra plus loin aux mondes des animaux et des humains.

Ainsi, la relation ici est complexe, et les énergies évoluent non seulement dans différents mondes dans une chaîne allant du minéral à l'homme, mais aussi dans différentes gammes. Ou autrement, on peut dire que l'évolution des énergies va non seulement de haut en bas, mais aussi de gauche à droite.

Cette direction « gauche-droite» pour notre Terre est déterminée par douze gammes de fréquences principales, qui correspondent en astrologie aux douze signes du Zodiaque. Mais avant de comprendre comment les énergies sont liées selon ces signes, il est nécessaire de comprendre la transformation des énergies dans le sens haut-bas, du simple au complexe, du monde des pierres au monde de l'homme.

Chaque monde a ses propres frontières de transition d'un Niveau d'énergie à un autre. Et plus le Niveau de ce monde est élevé, plus les représentants de ce monde doivent accumuler d'énergies en eux-mêmes pour la transition vers un Niveau supérieur. Et chaque monde a ses propres processus qui contribuent à l'apparition des énergies requises dans une forme particulière.

Au fur et à mesure de l'avancement dans les étapes de l'évolution, les types d'énergies participant à ces processus augmentent, et en même temps, le nombre d'énergies produites par chaque forme spécifique qui se trouve dans ce monde augmente. Par exemple, les processus impliqués dans l'évolution du minéral, impliquent moins d'énergies que ceux impliqués dans l'évolution de l'animal, et l'évolution de l'animal implique moins d'énergies que dans l'évolution d'une personne. De là, il s'ensuit que le spectre des nouvelles énergies produites par le minéral sera inférieur à celui des animaux, et il sera inférieur à celui des humains.

Nos recherches sur les enveloppes énergétiques des minéraux, des plantes, des poissons, des animaux ont montré le sens du développement progressif des énergies, une augmentation de leur potentiel qualitative et quantitative, ainsi qu'une augmentation des types d'énergies impliquées dans le processus évolutif (le livre «Révélations du Cosmos»).

Donc, les enveloppes subtiles des minéraux sont présentées par l'éthérée et l'atmanique*, dans les plantes (fleurs, arbustes), les énergies des émotions et des désirs sont en outre incluses dans le travail, les énergies sensorielles, les énergies d'action, de cause à effet, les énergies de protection et d'opposition se développent.

Et l'herbe, comme les minéraux, n'a pas d'enveloppe causale, car les processus qui contribuent à la transformation ultérieure des énergies de ce plan ne sont pas encore impliqués dans le travail. Mais l'énergie spirituelle se trouve dans l'herbe, les fleurs et les arbres. C'est, bien sûr, une désignation conventionnelle «spirituelle» parce qu'ils ne sont pas acquis à la suite d'une activité spirituelle particulière, mais à travers des processus spécifiques inhérents uniquement à des formes spécifiques.

Par spirituel, nous entendons des énergies de la plus haute qualité pour un Niveau ou un Sous-niveau d'existence donné.

Certaines plantes les élaborent, d'autres non, c'est-à-dire qu'elles ont besoin d'une période d'évolution assez longue pour les développer.

Si nous parlons de la présence d'un processus de pensée dans des minéraux ou des arbres, une personne s'associe immédiatement à sa pensée. Mais d'autres formes ont des processus qui sont assimilés à l'activité de la pensée humaine en tant qu'un mécanisme de traitement des énergies d'un certain type. Mais ces mécanismes sont eux-mêmes complètement différents, donc une personne ne pourra jamais comprendre comment l'activité mentale se produit dans les minéraux ou les arbres, et ils ne comprendront pas comment cela se produit chez les humains. Oui, en fait, à ce stade de développement, une personne n'est pas capable de comprendre aussi comment la pensée dans les Essences se déroule dans les mondes subtils de la Hiérarchie* de Dieu. Ils n'ont pas un appareil tel qu'un cerveau physique, et ils pensent à des niveaux bien plus élevés que l'homme. La seule question est donc de savoir ce qu'il faut attribuer à l'activité mentale, quels processus.

Mais, considérant le plan végétal, qui est également hiérarchique, nous voyons que les énergies qu'une personne attribue au plan mental, sont absentes sur les Sous-Niveaux inférieurs du monde végétal (herbes, fleurs, arbustes) et alors qu'ils apparaissent déjà dans les Sous-Niveaux supérieurs, occupés par les arbres. On peut voir comment, petit à petit, les énergies du plan mental sont collectées par des représentants des échelons inférieurs.

La pratique a montré que certains représentants de la flore ont de nouveaux types d'énergie: mentale et causale. D'où viennent-ils ? Sont-ils intégrés d'en Haut en tant que des types d'énergie prêts?

Non, ces types d'énergie ne sont pas mis dans les enveloppes, mais le programme comprend un mécanisme pour traiter les énergies matérielles ordinaires en subtiles. Et plus haut est le Niveau de tel ou tel type d'énergie à maîtriser sur le chemin de l'évolution, plus complexe est le processus de leur traitement. Le programme des formes devient plus compliqué, des mécanismes de plus en plus complexes sont impliqués dans le processus.

Par exemple, pour que la pensée primitive fonctionne dans un arbre, un programme spécial lui est donné et un dispositif spécial est ajouté dans une enveloppe subtile qui réagit à certaines situations de la vie de l'arbre, plus précisément, à des indicateurs spécifiques de l'atmosphère, de l'environnement.

Les plantes n'ont pas de situations comme les humains, mais ils réagissent aux moindres nuances de l'environnement. Leur programme contient des indicateurs normatifs, en présence desquels les plantes se sentent à l'aise dans l'environnement. Lorsque les indicateurs environnementaux commencent à s'écarter des normes, incluses dans leur programme, alors les forces protectrices de l'organisme végétal entrent en vigueur. Pour survivre, il commence à résister aux influences négatives, il commence à reconstruire les réactions chimiques, les connexions physiques, etc. L'adaptation aux nouveaux indicateurs a lieu.

La plante effectue un travail complexe qui reste invisible pour les humains. En particulier, dans les plantes supérieures, les énergies mentales sont incluses dans le travail. Bien sûr, un arbre ne peut pas penser comme une personne mais il est capable de fonctionner avec les énergies mentales à sa manière à un certain Niveau de développement.

Mais pour mettre un processus supérieur dans une forme, il est nécessaire qu'il se développe à un certain stade et qu'il fasse les accumulations nécessaires dans sa matrice. Et sans cette condition, la transition de la forme vers les processus plus élevés et plus complexes n'a pas lieu. Par conséquent, pour que le mécanisme de la pensée fonctionne, la plante doit atteindre un certain Niveau, c'est-à-dire l'énergopotentiel de la matrice. Et cet énergopotentiel mettra en action d'autres énergies mentales. Sa force, sa puissance suffira à contrôler les processus correspondants à l'activité mentale.

Autrement dit, afin d'éveiller la capacité de penser (travailler avec des énergies d'un certain type) ou tout autre processus supérieur, un mécanisme subtil est ajouté à la construction, qui implique la forme selon le programme dans de nouveaux processus supérieurs.

Mais les nouvelles constructions ne s'ajoutent à l'enveloppe subtile que si la forme a fait les accumulations nécessaires dans sa matrice, et que son énergopotentiel a atteint la puissance capable de mettre en mouvement ce nouveau mécanisme. C'est ainsi que la forme est transférée vers un nouveau type d'activité.

Pour mieux comprendre ce principe, prenons l'exemple avec un animal. Il possède un appareil du cerveau physique, qui est configuré pour effectuer certains processus primitifs. Afin d'améliorer l'activité mentale de l'animal, son âme est transférée dans la forme humaine qui a un principe plus étendu de l'appareil cérébral. Le transfert d'une forme à une autre s'accomplit également lorsque la forme inférieure a atteint un certain degré de développement.

Bien que les appareils de pensée des humains et des animaux soient similaires, leurs capacités sont différentes en raison de la structure plus complexe de l'appareil humain. Et les formes elles-mêmes pour ces Niveaux de développement correspondants ont déjà été développées par les Constructeurs Supérieurs. Chaque forme est axée sur le travail avec une gamme spécifique d'énergies. Et cela est très important, car cela détermine sa construction.

Ceci est un exemple de la transition de l'âme vers des activités avec d'autres processus en cours de perfectionnement. Mais revenons aux plantes. Il y a des étapes d'évolution dans le monde végétal, et donc l'âme, passant à travers l'herbe, passe ensuite par les étapes de fleurs, d'arbustes, d'arbres et après cela, elle est transférée au stade de reptiles, d'insectes, de poissons, puis d'oiseaux, de petits animaux, après eux - de grands animaux, et enfin, les humains. De plus, dans chaque forme, elle peut être incarnée de nombreuses fois, car tout type a ses propres Sous-Niveaux d'ascension. Par conséquent, en termes d'énergie, il y a des herbes plus basses et plus hautes dans le plan énergétique, des arbres plus bas et plus hauts, etc.

Ainsi, les énergies subtiles initiales accumulées dans les minéraux continuent leur développement aux étapes suivantes des mondes végétal et animal.

Mais toutes les matrices du monde des minéraux ne passent pas dans le monde des plantes. Il y a des minéraux forts, il y a aussi des minéraux faibles. Autrement dit, comme nous l'avons mentionné ci-dessus, les minéraux individuels réussissent tellement dans les processus d'accumulation d'énergie à tel point que leur puissance atteint une valeur considérable, à laquelle l'enveloppe physique des plantes ne peut pas résister. Par conséquent, de telles matrices d'anciens minéraux sont dirigées soit vers d'autres mondes, soit sur le plan terrestre, vers les formes correspondant au Niveau, dont la matière dans son potentiel correspond à leur potentiel.

Mais dans tous les cas, il y a une nouvelle progression de l'âme. Et cette tendance, dans laquelle toutes les âmes ne passent pas nécessairement du plan inférieur au plan supérieur de ce monde, se retrouve également pour d'autres Niveaux. Là aussi, les âmes individuelles peuvent être transférées dans des mondes complètement différents pour des raisons qui leur imposent d'acquérir un ensemble de qualités individuelles ou pour des objectifs plus élevés. Autrement dit, il y a toujours des exceptions à toute règle, mais ces exceptions sont soumises aux objectifs Supérieurs.

En même temps, les âmes transférées doivent progresser. La croissance des attributs, des qualités et de l'expérience de vie se poursuit, la matrice accumule progressivement les énergies du plan correspondant.

Il en est de même dans le monde des plantes. Les âmes de certains d'entre eux peuvent être transférées dans des mondes complètement différents, et là, ils gagneront un spectre d'énergies surnaturelles. Mais ces plantes qui composent notre Niveau végétal terrestre, travaillent avec des énergies de type matériel. Sur la base de leur traitement, ils produisent des énergies subtiles de leur gamme, de leur Niveau. En raison des mécanismes spéciaux qui y sont intégrés, la transformation des énergies basses en énergies hautes se produit, et il s'agit de l'évolution progressive des âmes et des énergies elles-mêmes.

Mais comment se déroule ce processus de transformation?

Comme on peut le comprendre d'après ce qui précède, lorsqu'un certain degré de potentiel est atteint par la matrice de l'âme, elle est transférée d'une forme à une autre, ce qui se caractérise par une structure plus complexe qui oriente l'âme pour travailler avec des ordres d'énergies plus élevés. Mais tout développement, son stade, son étape est réalisée selon le programme. Le programme de la forme physique se connecte au programme de développement matriciel, et ils travaillent ensemble pour remplir les cellules avec les types d'énergies requis.

Le code génétique d'une plante exprime le programme de son enveloppe matérielle. Mais la matrice se connecte uniquement à cette graine, dont le code génétique donne un signal pour activer le programme matériel. C'est-à-dire que lorsque, par exemple, la graine tombe dans des conditions normales, le programme de développement est activé dans la graine.

Le code génétique est inclus dans le travail, c'est-à-dire, le programme de l'enveloppe matérielle, et c'est à ce moment que la matrice de l'âme est reliée au corps matériel. Pour activer le programme du corps matériel, il doit y avoir certaines conditions externes requises: la pression atmosphérique calculée, la température, l'humidité, etc. La combinaison des facteurs nécessaires, en résumé, crée la force qui met le programme en action et la graine commence à pousser. La déviation d'au moins un des facteurs donnés par rapport aux indicateurs normatifs définis dans le programme conduit au fait que le programme du corps physique ne s'allume pas et que la graine meurt progressivement.

Mais lorsqu'une plante commence son cycle de vie, elle effectue un travail sur son propre support de vie, à la suite de quoi les énergies matérielles impliquées dans le processus sont transformées en de nouveaux types d'énergies subtiles. Les plantes, comme nous l'avons noté précédemment, ont des émotions, des sentiments. Même l'herbe est capable de percevoir, par le contact sur le terrain avec une personne, son agressivité, sa colère ou son attitude bienveillante et d'y réagir en conséquence.

Les plantes éprouvent la terreur, la peur, lorsqu'une personne les aborde avec de mauvaises intentions. Et comme elles éprouvent ces sentiments, alors, des processus et des mécanismes fonctionnent en elles, grâce auxquels les énergies matérielles sont transformées en énergies subtiles du plan astral. Mais elles ont aussi des méthodes de traitement qui sont sur le plan subtil de leurs enveloppes et qui sont encore inconnues de l'homme. Et ce sont tous des mécanismes différents pour engager et traiter les énergies du plan astral.

Si les plantes ressentent la peur, elles peuvent contrecarrer la source de la peur avec leurs propres méthodes, par exemple, certaines fleurs commencent à dégager une mauvaise odeur, d'autres se couvrent de gouttelettes d'humidité comme des larmes, tandis que d'autres ont temporairement des feuilles enroulées. Et si une plante s'oppose à quelque chose, ou au contraire, elle accepte quelque chose de favorable, alors elle gagne des énergies subtiles de cause à effet, et par conséquent, une énergie d'une certaine gamme est accumulée.

Et pour des représentants aussi puissants du monde végétal que les arbres, le programme de développement comprend déjà des processus et des situations qui permettent aux rudiments de la pensée d'apparaître. Les processus sont ancrés dans la matière, dans le code génétique du corps, et les situations sont planifiées dans le programme de l'âme. Pour la première fois dans les arbres, les énergies mentales commencent à apparaître et à fonctionner. Et dans l'herbe, les arbustes, ils sont encore absents.

Les arbres sont plus impliqués dans le travail et les énergies du plan causal. Et cela est dû à la construction de l'enveloppe physique et des corps subtils. Sans une construction spéciale, aucune évolution des énergies du plan terrestre n'aura lieu. Autrement dit, nous voyons que l'évolution implique des structures et des mécanismes spéciaux capables de convertir les énergies basses fréquences en hautes fréquences. Et le principal est que la Pensée du Très-Haut y participe.

Ainsi, chaque forme de la chaîne évolutive est conçue pour la consommation, la transformation et la production de certains types d'énergies. Elle consomme toujours peu d'énergie, mais produit beaucoup d'énergie (mais seulement dans sa propre gamme). Autrement dit, l'énergie est produite d'une certaine qualité et quantité. Cette quantité est liée aux besoins de la planète, aux objectifs de son développement et de son existence.

De plus, il y a un développement progressif de la qualité de l'énergie par l'âme, et c'est cette dernière qui nécessite son élaboration étape par étape à travers certaines accumulations quantitatives, pour lesquelles telle ou telle forme est calculée.

Afin de générer la qualité d'énergie requise sous une forme, il faut utiliser la méthode des répétitions ou des réincarnations*. Elles permettent d'obtenir une augmentation de la qualité des accumulations d'énergie par l'âme et contribuent à la circulation intensive des énergies elles-mêmes.

Les âmes, évoluant elles-mêmes, contribuent à l'évolution de la matière avec laquelle elles interagissent, car tout dans le monde est interconnecté et interdépendant.

Les âmes, leur structure constructive est le mécanisme le plus important pour la transformation et l'évolution des mondes et des énergies dans notre Univers. Sans elles, aucune évolution n'aura lieu.

L'évolution du biomatériau humain

54

L'évolution est connue par comparaison, donc, par exemple, prenons les pharaons qui ont vécu avant notre ère, et l'homme moderne. Et bien que le corps humain nous semble inchangé depuis cinq mille ans, mais il a subi d'énormes changements, et surtout ces derniers temps.

C'est ainsi que le Hiérarque parle de la reconstruction de la forme humaine, parlant des troisième et quatrième civilisations.

«Ils se sont écartés de l'objectif principal défini par Nous. En conséquence, la civilisation terrestre s'est dégradée dans Notre compréhension. Par conséquent, la quatrième civilisation la plus récente et perfectionnée a été créé pour la Terre, qui a répondu à toutes Nos exigences pendant un certain temps. Mais comme toutes les précédentes, elle avait aussi ses propres lacunes dans la compréhension de Nos objectifs, des théories et le déchiffrement de Nos informations. (Les informations reçues ont été déformées de quatre-vingt-dix pour cent).* Nous les avons reconstruites en douceur en tenant des dernières exigences du Système. Et cette civilisation est partiellement passée à la cinquième, la vôtre.

Mais maintenant, Nous voyons à nouveau Notre erreur et Nous sommes de nouveau engagés dans un ajustement en douceur sans détruire toute la civilisation, bien que certains Systèmes préconisent la destruction de la Terre. Mais Nous espérons que les nouvelles formes seront si progressives qu'elles passeront simultanément dans les septième et huitième civilisations.

Leurs composites* sont rassemblés, ce qui n'était pas dans les civilisations précédentes. Ce modèle humain lui permettra de progresser considérablement dans l'évolution. Ce seront des gens brillants à tous égards: mentalement, physiquement, spirituellement. Les gens n'entendront pas seulement leur Déterminant* mais ils coopéreront avec Lui.

Ils devront s'élever à des hauteurs qu'aucune des cinq civilisations n'a atteints».

Mais même si nous ne prenons pas en compte les objectifs Supérieurs de nos Créateurs, il est clair que lorsque le monde change, le corps physique ne peut pas non plus rester inchangé.

Sa construction externe est restée la même, mais le contenu qualitatif du biomatériau a changé. Chaque cellule du corps a été transformée, son énergie a été transformée, et avec elle tous les processus chimiques et les réactions qui ont lieu à l'intérieur, ont changé. Après tout, les gens mangeaient des aliments et buvaient de l'eau différents (leur composition chimique et leur énergie se transformaient également au fil du temps), les glandes endocrines devaient décomposer des substances complètement différentes pendant la nutrition.

De plus, l'énergie envoyée à l'homme par le Déterminant, a également changé. Il y a deux mille ans, une énergie différente était fournie à une personne d'en Haut par rapport à un individu moderne. Le potentiel de l'énergie fournie augmente progressivement. Et lorsqu'une personne reçoit une nouvelle énergie, tous les processus de son corps commencent à travailler sur cette nouvelle énergie.

Elle pénètre dans la cellule, et l'inclut dans ses processus. Des réactions chimiques et biologiques commencent à avoir lieu dans la cellule, mais cette fois sur un nouveau «carburant», sur une nouvelle base énergétique. Les réactions chimiques sont basées sur une nouvelle énergie, contribuant à la «recharge» des molécules, puis des atomes, c'est-à-dire qu'elles passent également à un nouveau niveau d'énergie. La nouvelle énergie se propage profondément dans la substance et dans les profondeurs de ses particules constitutives. Il y a une augmentation du potentiel de la matière, qui ne fait que la conduire à l'évolution. Dans la période actuelle, même la valence des éléments chimiques est en train de changer. Et cela est dû à la transition de la Terre à un Niveau d'énergie plus élevé, à une nouvelle étape de développement, c'est-à-dire que l'évolution concerne tout.

L'évolution des mondes végétal et animal, les activités industrielles et agricoles de l'homme à grande échelle ont changé la composition chimique de l'eau et du sol. En déversant des déchets dans les plans d'eau et en lavant les engrais des champs, l'homme les ont obligé à changer. La modification du sol et de l'eau provoquent la mutation des plantes et affectent les changements chez les animaux et les humains.

Par exemple, la concentration de toutes sortes de produits chimiques dans le sol et dans les plans d'eau a tellement augmenté à la fin du XXe siècle, que presque tout ce qui l'entoure, est devenu toxique.

Si une personne qui a vécu il y a mille ou même trois cents ans, est amenée dans nos conditions, elle sera immédiatement empoisonnée et mourra en quelques jours. La raison de sa mort subite sera que sa biostructure n'est absolument pas préparée pour travailler avec les composés chimiques et organiques modernes, parce que cette personne, bien qu'extérieurement semble être la même qu'un type moderne de personne, mais le contenu intérieur de son énergie et de tous les processus est complètement différent.

Ses glandes endocrines fonctionnent à un rythme différent et sont conçues pour fonctionner avec une composition chimique des aliments complètement différente, tout comme ses cellules, ayant une autre structure subtile, produisent une énergie différente.

Les Célestes améliorent constamment la modification de la structure humaine. De même qu'un téléviseur ne peut rester inchangé pendant des dizaines d'années, et son modèle s'améliore d'année en année, la construction humaine est constamment modernisée et transformée de civilisation en civilisation, de nation en nation. Surtout ses structures subtiles changent, les cellules de la biostructure changent.

Chaque cellule est une région autonome entière qui, en absorbant un type d'énergie, la transforme en un autre type. La cellule se nourrit, respire, vit, se multiplie, a ses propres enveloppes subtiles et un programme personnel, son propre caractère et son but.

La personne est entièrement constituée de cellules, mais comment dire que les cellules du cœur et des reins sont les mêmes ? Elles ont une structure interne individuelle, des programmes et un fonctionnement différents, des objectifs différents. Certaines cellules font un travail et d'autres en font un autre. Et dans le même temps, les cellules cardiaques ne peuvent pas fonctionner comme les cellules rénales, et vice-versa, bien qu'il y ait une certaine interchangeabilité dans le sens où lorsqu'un organe tombe malade, d'autres organes prennent partiellement sa charge. Mais les fonctions des cellules de divers organes dans un même organisme restent individuelles.

Cependant, pourquoi le modèle humain change-t-il avec le temps? Qu'est-ce qui a causé son amélioration outre la modification des objectifs des Supérieurs ou la déviation de l'humanité de son programme ?

Premièrement, il est lié à la croissance d'un énergopotentiel de l'âme. Chaque civilisation a un modèle d'une personne, calculé pour son Niveau d'énergie, pour cette valeur maximale d'un énergopotentiel qu'elle doit accumuler à la fin de son existence. Par conséquent, la matière biologique, une cellule de civilisation en civilisation, a augmenté sa puissance. Pour cette raison, par exemple, une cellule d'une personne qui vivait il y a deux mille ans, avait un énergopotentiel mille fois inférieur à celui d'une personne moderne.

Deuxièmement, les changements humains sont causés par des conditions environnementales en constante évolution. Il y a cinq mille ans, il y avait un habitat différent, une Terre et une époque différentes. Et une personne s'inscrit toujours dans le facteur temps.

Le temps de chaque siècle apporte sa nouvelle énergie. Et l'empreinte du temps, ses exigences reposent absolument sur tout. Autrement dit, le dernier modèle d'une personne doit toujours s'adapter à l'époque nouvelle et aux exigences des Supérieurs.

L'apparition sur Terre des nations, des nationalités, leur changement constant sont associés à la correction du modèle humain. Tout en conservant la structure générale, les fonctions de l'organisme ont changé de cette manière, il a été orienté dans une nation pour travailler avec un certain type d'énergies (sa gamme), et dans une autre nation avec un type différent.

Quand les Supérieurs n'avaient plus besoin d'énergie de cette qualité que la nation produisait, elle a été reconstruite en une autre nation ou elle s'est progressivement éteinte. Cela explique le changement constant des nations et des nationalités: les anciennes disparaissent, de nouvelles apparaissent.

Les nations sont nées du fait que les Systèmes hiérarchiques nécessitaient de nouveaux types d'énergies produites par l'homme. Et c'est la troisième raison qui a influencé la nécessité des changements permanents dans la conception de la forme du corps. La gamme des énergies requises par les Systèmes Hiérarchiques s'est élargie, leur assortiment a changé. Et pour que le plus Haut reçoive de nouveaux types d'énergies, des conceptions améliorées de biomachines, c'est-à-dire d'humains, ont été développées.

Je vais donner un exemple de la façon dont une nouvelle cellule a été créée pour la future race. La biocellule d'un être humain moderne se décompose sous l'effet des fortes radiations du soleil. Et la sixième race devrait être conçue pour un rayonnement accru et pour une énergie puissante.

Dans la cinquième race, une activité solaire accrue a conduit à des mutations dans des cellules individuelles, en particulier, des tumeurs cancéreuses ont commencé à se former dans tous les organes. «En tout» car les cellules qui ont des fonctions différentes devraient toutes fonctionner dans un nouveau régime pour un rayonnement accru et une activité solaire accrue.

Les Essences du Système médical* ont prélevé à une personne des cellules atteintes d'un cancer, avec une énergie nouvelle, et les a introduites dans une nouvelle structure humaine. Des recherches, des observations ont été effectuées, ses fonctions ont été ajustées.

De cette façon, l'ancienne biostructure a été reconstruite sur la base d'anciennes cellules en mutation dans un nouvel état progressif.

De nouvelles cellules développant une immunité aux radiations accrues, réagissaient déjà calmement aux changements environnementaux. Et la dose de rayonnement qui a été fatale pour une personne dans les années cinquante, s'est déjà avérée à la norme pour des générations du 21 siècle, et le sera encore plus pour la sixième race.

Ainsi, la nouvelle cellule, qui n'a pas peur des rayonnements, a été spécialement développée sur l'ancienne génération. L'immunité pour des générations futures a été créée sur cette base.

Par conséquent, de nouvelles maladies surviennent dans une génération, elles progressent dans une autre, et dans la troisième, elles disparaissent sans laisser de traces (en parlant de façon exagérée) car l'immunité y est développée de cette manière. Et, bien sûr, cela ne se fait pas tout seul, mais avec l'aide des Célestes, qui suivent le cours des maladies, reçoivent de nouvelles cellules transformées sur leur base et construisent sur leur principe une nouvelle structure biologique d'une personne qui n'est plus sensible à une maladie de ce type.

Par conséquent, la biostructure d'un être humain de la sixième race sera construite sur la base des cellules cancéreuses de notre cinquième race. Et grâce à une telle base, la nouvelle génération de la sixième race ne sera pas malade du cancer et commencera facilement et imperceptiblement à supporter un rayonnement accru sur la Terre. Et une activité solaire au troisième millénaire augmentera de plusieurs fois. Mais un nouvel organisme humain sera déjà prêt à l'adopter sans se blesser et pour un travail normal. Ainsi, lorsque certaines générations regardent avec mépris la tuberculose et le choléra, tandis que d'autres les oublient, c'est le mérite non seulement de nos médecins, mais aussi des médecins Célestes qui nous sont invisibles.

La conformité de l'enveloppe matérielle au potentiel de l'âme humaine

La vérité ne peut être mal comprise et rejetée qu'à cause de son incompréhension, mais à partir de là, elle ne changera ni vers le haut ni vers le bas dans sa réalité d'existence. Et les sages en ont parlé à plusieurs reprises, mais nous répétons leurs paroles dans notre interprétation. Une personne est empêchée de percevoir la vérité par sa propre incrédulité. Mais cela vient déjà de la réticence à la comprendre. Après tout, le décalage entre les potentiels de la vérité et celui qui la comprend n'est pas l'imperfection de différentes comparaisons potentielles, mais un décalage de Niveau entre les potentiels de la vérité et celui qui la comprend. Un individu avec un très hypopotentiel, c'est-à-dire une jeune âme évolutionnaire, est-elle capable de comprendre une vérité avec un puissant énergopotentiel ? Bien sûr, cela lui semblera certainement incompréhensible. Mais elle n'est pas capable de comprendre, même les théories des scientifiques terrestres, car au vu de leur développement significatif, ils investissent également dans leurs informations le puissant potentiel de la pensée. Chaque individu perçoit la vérité de son énergopotentiel.

Nous pouvons continuer à en parler, mais le sujet abordé est immense et infini. Nous nous intéressons à la correspondance.

Mais posons-nous une question: pourquoi entendons-nous par « potentiel » tous les concepts existants ?

Pour commencer, tout ce qui existe est vivant. Même la matière ne manifestera pas sa forme de vie sans être une particule potentielle spiritualisée de l'âme. Toutes les accumulations que l'âme fait dans la matrice, sont des énergies de différents types, et elles créent collectivement son potentiel. Plus importante est l'énergoaccumulation, plus grands sont le potentiel et la puissance* de l'âme. C'est-à-dire que le potentiel est une puissance ou une caractéristique puissante de l'âme. Il exprime le Niveau de développement de la forme, puisqu'un certain potentiel énergétique correspond à chaque Niveau, ce qui signifie le monde.

Cela indique que la matière est différente dans le degré de développement.

La matière terrestre est encore peu organisée, comme nous l'ont dit les Supérieurs, car elle est associée au faible potentiel de l'âme humaine. Autrement dit, la matière et l'âme sont interconnectées dans leur développement et sont interdépendantes.

La matière terrestre n'est pas capable de subir le potentiel élevé de l'âme, à partir de là, elle ne sera que détruite, par conséquent, les personnalités à très haut potentiel des Niveaux intermédiaires de la Hiérarchie de Dieu ne peuvent pas s'y installer. Ils vont brûler et détruire le corps physique. Cela suggère qu'il devrait y avoir une correspondance naturelle entre la matière et l'énergopotentiel de l'âme installée en elle. Ce n'est que dans ce cas que l'âme et la matière progresseront mutuellement.

Si, cependant, une âme à faible potentiel est placée dans une matière qui a atteint un Niveau de développement et un énergopotentiel suffisamment élevés, alors le potentiel inférieur de l'âme ne sera pas en mesure de contrôler le plus haut potentiel de la matière, et aucun développement ne fonctionnera ni d'un côté ni de l'autre.

La conformité entre le potentiel de la matière et les âmes qui y sont installées (l'âme de d'autres mondes peut s'installer), est maintenue dans certaines limites grâce auxquelles elles (l'âme et la matière de l'enveloppe) sont dans une existence parallèle harmonieuse. Et si nous prenons la limite supérieure de l'âme dans cet intervalle et la limite inférieure de la matière, alors une telle âme sera capable de contrôler de nombreux processus en elle, ce qui n'est pas encore chez l'homme.

Dans les mondes où la matière et l'âme ont déjà atteint un haut Niveau de perfection, auquel l'humanité peut encore grandir, le corps est tellement développé qu'il est ouvert à l'âme, donc elle le maîtrise et le contrôle parfaitement aux niveaux atomique et moléculaire. Ces individus ont des capacités extraordinaires pour nous, même si pour eux tout est naturel.

Le corps humain n'est pas encore développé conformément à l'âme, par conséquent, même parmi les personnes à haut potentiel qui sont déjà au centième Niveau terrestre, toutes les qualités des manifestations de capacités inhabituelles ne sont pas révélées. Et à cet égard, il est assez difficile de subordonner le corps à l'âme.

Cependant, l'humanité, comme beaucoup d'autres formes physiques de vie, est confrontée à la tâche d'élever mutuellement le Niveau de l'autre à mesure qu'elle évolue, jusqu'à ce que les deux atteignent la hauteur appropriée, ce qui révélera leurs qualités inhabituelles. La matière physique, comme l'âme, a également de nombreuses propriétés et qualités mystérieuses et étonnantes, mais vous devrez vous y développer.

Les aspects énergétiques du développement de la société

L'homme a toujours réfléchi à la question de savoir comment

vivre mieux et comment être heureux. Mais pour que ce dernier se réalise, ses propres efforts ne suffisent pas, il faut que la société se comporte d'une certaine façon par rapport à une personne particulière et n'interfère pas avec son bonheur.

Il est bien connu qu'une personne ne peut pas être heureuse dans une société qui ne correspond pas à ses idéaux ou à son idée du bonheur. Par exemple, un individu croit que les riches peuvent être heureux, et créer de la richesse matérielle. Mais la société est sauvage et a ses propres objectifs: elle déclenche les guerres, en tue d'autres, détruit l'environnement. Dans une telle société, l'homme riche ne peut pas être heureux. Il tremblera constamment pour sa richesse.

Ou bien changeons la situation. L'homme riche se trouve dans une société très avancée où les gens valorisent les valeurs spirituelles et non matérielles. Et puis il devient comme Pliouchkine*, qui préserve quelque chose qui n'a pas d'importance pour les autres puisque quelque chose de complètement différent est apprécié dans cette société. Et l'homme ne sera pas heureux à nouveau.

Ce sont là des exemples du décalage entre la compréhension personnelle des objectifs de développement privés et des objectifs généraux. Par conséquent, il doit toujours y avoir un lien entre l'individu et la société. Diverses sphères de l'activité humaine sont formées à partir de ce lien: la politique, l'art, l'économie, la science, etc. Ils unissent des personnes de différents groupes sociaux avec certains objectifs.

Les objectifs et les aspirations communs permettent d'élaborer des lois et des règles pour l'existence des membres individuels et protéger leurs intérêts. Et ce n'est que lorsqu'un membre de la société trouve le soutien dans son groupe social, il peut se sentir, sinon heureux, du moins confiant dans l'avenir. C'est-à-dire que ce dernier oblige l'individu, tout en défendant ses intérêts privés, à travailler pour un but commun, à ne pas être isolé des autres, mais à être dans l'unité.

La vie, comme on dit, l'oblige à s'impliquer dans des liens communs. Mais en plus des connexions humaines, il y a aussi des connexions cosmiques, qu'il n'avait pas soupçonnées auparavant, bien qu'il y tournait constamment.

L'homme s'est toujours considéré comme une unité distincte, libre de toute responsabilité. Mais il s'avère que ses liens s'étendent non seulement à la société, mais aussi au Cosmos. Et la raison en est une simple vérité: tout dans le monde est en interaction les uns avec les autres et certainement avec le temps.

Les tâches du Cosmos viennent toujours au premier plan, c'est-à-dire que les plans du Très-Haut sont le premier facteur qui affecte la vie de l'humanité. Les Supérieurs subordonnent la vie de l'humanité à leurs buts. Et la façon dont ils le font lorsque leurs plans sont violés, par exemple : à Sodome et Gomorrhe, dans la destruction de la civilisation de l'Atlantide et les destructions qu'Ils provoquent actuellement sur la Terre : les inondations, les tremblements de terre, les écoulements du sol inattendus, les ouragans, etc. sont le résultat de Leurs actions afin d'influencer le comportement humain, de le changer dans la direction dont ils ont besoin.

Cependant, la principale chose que l'on peut voir à ce sujet, est que la violation des liens normaux entre l'humanité et le Cosmos est lourde de conséquences négatives, tout d'abord pour la personne elle-même.

L'humanité est connectée au Très-Haut par certaines connexions, avec d'autres comme eux. Le temps est l'un des facteurs de connexion importants; sans lui, aucune connexion ne fonctionne. Ainsi, les plans des Supérieurs et le temps sont les deux principaux facteurs qui gouvernent et créent les connexions. Tout le reste en est dérivé.

Le corps humain est un mécanisme de production et de transformation des énergies. Une personne produit de l'énergie dans un petit volume, et si vous prenez l'humanité, alors tout cela donne un rayonnement puissant au Cosmos. Leur quantité et leur qualité sont régies par des programmes individuels, des programmes des nations, des peuples et de la Terre entière.

Dans nos autres livres, nous avons dit à plusieurs reprises comment la régulation des énergies de l'homme est dispensée par un programme particulier, et cela devrait déjà être clair. C'est la construction de toutes sortes de situations, ainsi que l'impact sur les sens.

Les programmes de la société sont régulés par d'autres leviers: la politique, l'économie, l'art, etc.

Avec le changement de temps, le Cosmos a besoin de recevoir d'autres énergies de l'humanité. Par conséquent, il commence à introduire de nouveaux mécanismes dans l'environnement humain, qui de l'intérieur conduisent toute la société au fait qu'il change le rythme de travail précédent en un nouveau, et par conséquent, arrête de produire d'anciens types d'énergies pour en produire de nouveaux.

En plus de la morale et de l'éthique, comme nous l'avons écrit précédemment, ces leviers à court terme qui transfèrent la société vers un nouveau mode de fonctionnement, sont les révolutions, les réformes, les guerres. Ils modifient leurs relations en un rien de temps. En même temps, la morale et l'éthique, se référant aux mécanismes globaux d'influence, le font sur une plus longue période, mais elles font tout mieux. En améliorant la moralité et l'éthique dans la société, il est possible d'améliorer considérablement la qualité de l'énergie produite pour le Cosmos.

Avec tous les autres mécanismes, il n'est pas possible d'obtenir une qualité précisément élevée, bien que le changement de type d'énergie se produise dans les plus brefs délais dans un groupe spécifique de personnes. Ce sont généralement de petits domaines de changement. Autrement dit, une révolution, une guerre, une réforme, etc. est généralement une sorte de forte impulsion qui secoue toute la société et brise l'ancienne, après quoi une nouvelle commence à se construire. Et dans ce processus, pas une ou deux personnes sont impliquées, mais plusieurs. Premièrement, les principales personnalités dans ces processus reçoivent du Très Haut par leurs canaux, les attitudes de base du comportement dans de nouvelles situations, puis les individus secondaires étendent ces principes à toute la société restante.

Ainsi, progressivement, un nouveau mécanisme se propage à chaque unité individuelle, modifiant le mode de vie, et donc la production d'énergie par elles.

La politique est un levier puissant qui change le type fondamental d'énergie de base produit par une société. Si les Supérieurs ont besoin d'obtenir une énergie plus pure, alors un régime sévère est introduit: esclavage, dictature, servage, régime militaire, etc. Si d'autres types d'énergies sont nécessaires, des régimes calmes sont introduits; par exemple, tout système: capitaliste, socialiste, communiste, etc.

Naturellement, le système, la direction générale dicte déjà tout le reste: à la fois l'économie et l'art. L'un découle de l'autre de manière si dépendante et cohérente qu'il est même inutile d'en parler. Bien que vous puissiez brièvement rappeler ce qui suit de l'histoire.

Si un dictateur est au pouvoir, alors il dirigera tous les fonds disponibles vers le développement de l'appareil de répression. Si une personne libre d'esprit est au pouvoir, elle affectera des fonds au développement de la science, de l'art, de l'agriculture et de la production. Si une personne au pouvoir est fière et avide, qui veut acquérir le monde entier, elle organisera constamment des campagnes vers d'autres territoires. Ce sont tous des exemples de la dépendance de l'économie, de l'art, de la science et d'autres vis-à-vis de la politique et du gouverneur.

La politique et l'économie sont le régime qui force la société à générer des énergies négatives ou positives. Et l'art et les lois morales affectent également la production d'énergies d'un spectre différent par une biomachine humaine, mais ils influencent doucement, en étant des régulateurs de leur qualité.

Il y a encore des énergies basses et élevées dans l'art, mais elles forcent toutes les âmes correspondantes à se développer, à se déplacer dans une certaine direction. La conformité dans ce cas réside dans le fait que l'art bas contribue à l'amélioration des jeunes âmes, au début de leur développement, et n'affecte pas ceux qui ont déjà suivi un chemin d'évolution suffisant, c'est-à-dire ce sont des âmes moyennes et élevées.

L'art construit sur la base des hautes énergies, dans lequel les grands objectifs sont inscrits, a un effet bénéfique sur les âmes élevées, entrant en résonance avec elles et contribuant à la production d'énergies de hautes fréquences à travers les émotions et le travail des enveloppes astrales.

Dans une société prospère, tout art fonctionne pour générer des énergies positives. Et ce n'est que lorsque la société elle-même s'est déjà dégradée et a survécu à elle-même, qu'elle commence à travailler sur le côté négatif. C'est cependant un signe de la mort du système, ou de la société.

Le mécanisme de production d'énergies positives et négatives est précisément ancré dans des formes de relations humaines telles que la politique, l'économie, l'art, la science, les normes et les règles sociales.

Lorsqu'une société forte nouvellement créée commence à peine à se développer, tout fonctionne de manière précise et il y a une prédominance dans le développement des énergies positives. Ensuite, l'état d'équilibre commence, lorsque la quantité d'énergies positives produites par la société est égale à la quantité d'énergies négatives. Ensuite commence le déclin et la prédominance des énergies négatives, qui augmentent progressivement et entraînent la formation de la société vers la destruction.

Les énergies positives et négatives sont nécessaires à toute société civilisée pour créer une direction générale de mouvement dans la direction planifiée d'en Haut.

Mais, toute société, outre les énergies positives et négatives, produit également des énergies de qualité variable, c'est-à-dire de fréquences différentes, créant ainsi une très large gamme. Et toutes sont nécessaires au Cosmos pour ses besoins.

Les fréquences hautes et basses sont présentes à la fois dans les énergies positives et négatives. Elles sont nécessaires en tant qu'une étape d'ascension dans le courant général de l'évolution. Elles peuvent être utilisées pour juger du degré de développement d'un objet particulier et de la direction de son mouvement.

Afin de ne pas confondre les énergies négatives avec les basses énergies et les énergies positives avec les hautes énergies, il faut se rappeler que dans tous les flux d'énergie négative, il existe un nombre infini de fréquences basses et hautes. De même dans un flux positif. Et elles sont toutes créées sur le plan terrestre par l'humanité à travers des interactions les uns avec les autres. Les connexions diverses sont des processus subtils, sur le plan quotidien et dans la société, exprimées à travers toutes sortes de sphères d'activité humaine.

Deux courants puissants: positif et négatif, sont créés par l'humanité sur la Terre et dirigés vers les Systèmes hiérarchiques, continuant les transformations aux Niveaux de la Hiérarchie. Et je parle de tout cela dans le but de faire comprendre à une personne qu'elle ne mène pas une existence parasitaire par rapport au Cosmos et à la nature, comme tout plan de Niveau, il est un fournisseur de certains produits (énergie) pour le plan Supérieur.

De plus, tous les Niveaux inférieurs de la Terre, tels que les minéraux, les plantes, les animaux, donnent quelque chose d'utile à l'humanité. De chaque sous-plan, elle obtient la production de matériaux : il construit des bâtiments à partir de pierres, les plantes sont utilisées comme nourriture et créent une atmosphère que les humains et les animaux respirent, etc.

Le moment est maintenant venu pour l'homme lui-même d'apprendre la vérité sur lui-même, d'où il devient clair que lui aussi n'est qu'un maillon intermédiaire dans une chaîne sans fin de plans d'existence. Et chaque plan, basé sur le plan inférieur, recevant de lui certains types d'énergies, produit d'autres types pour le Niveau supérieur. Chaque Niveau ses propres moyens et méthodes pour générer des énergies. Sur le plan humain, ce sont les sphères de l'activité humaine qui nous sont bien connues. Ce que nous considérons comme la politique, l'économie, l'art, d'un point de vue Cosmique, sont des processus de traitement, de production d'énergies et en même temps les processus d'amélioration de l'âme.

Notre vie, il s'avère, n'est pas aussi simple qu'elle nous le paraissait auparavant. Il n'y a rien dedans qui existerait par lui-même. Tout participe à des processus globaux d'échange et fait lui-même partie de ce processus.

Les caractéristiques de la perfection de l'âme dans la période de transition de la cinquième à la sixième race

Tournons-nous vers le texte de Dieu, dans lequel il parle de la relation de la construction humaine avec le monde physique, de sa structure et de certains changements dans les principes de sa progression.

«La terminologie, qui prétend être du fondamentalisme dans sa présentation des facteurs, met en réalité la forme de la trinité de tout en tout. De la concrétisation de ce qui a été dit, la position de votre étape initiale des plans configuratifs* de la vie découle, dont le réseau de construction occupe une fonctionnalité de calcul, dont la fonction prête est la cybernétique.

Le calcul d'une source de programmo-installation de nature distributive est emprunté à la fonction du cerveau et de la moelle épinière, qui sont l'activité d'organisation managériale des fonctions précédentes. Le maintien de l'appareil ci-dessus contribue au développement configuratif des structures de calcul de nature arbitraire, dont la signification principale est assumée par le Déterminant d'une personne.

La nature humaine transformée continue à entrer en conflit avec les processus de vieillissement et de jeunesse. Ils s'intègrent dans les fonctions logicielles et informatiques et interfèrent avec l'avancement sur les plans subtils et le développement des enveloppes, ainsi que des structures attachées aux enveloppes.

La position visible des constructions humaines donne de l'instabilité dans les constructions de ce type électif d'appareil à l'apparence humaine.

Au fil du temps, Nous prévoyons d'éliminer la vieillesse et les jeunes jusqu'à quatorze ans du fonctionnement du programme.

L'homme doit être un porteur constant des situations de vie à l'énergopotentiel qui, à partir des enveloppes immuables du type physique de constructivité, à leur tour, ne devraient pas avoir pour fonction de diminuer ou d'augmenter dans la programmation, mais d'augmenter potentiellement le coefficient d'accumulateurs à forte énergo-intensité contenant un ensemble de situations de qualités planifiées et organisationnelles requises de chaque structure d'Essence. Ces qualités comprennent:

1. la responsabilité envers l'objectif fixé;
2. la soumission et le respect du Supérieur;
3. la responsabilité de toutes les paroles et les promesses données;
4. le diligence.

Un exemple des qualités mentionnées ci-dessus, présentes dans une personnalité, entraînera son développement dans d'autres personnalités suivant l'Essence* de base, mais ayant déjà d'autres constructions qui se sont améliorés au fil du temps.

La stabilisation de l'environnement, donnée pour le calcul futur, permettra de développer des potentiels avec un énorme stockage de capacité énergétique. Et pour le développement des unités d'Essence elles-mêmes, il y aura un avantage potentiel d'un saut temporel dans leur perfection, qui en une seule vie physique, pourrait participer au développement de la structure intégrale des générations, dont le développement sera conditionné par l'orientation et la formation d'unités plus anciennes, mais contemporaines. Les anciens sont censés être supérieurs en termes de temps terrestre, mais physiquement du même âge.

Comme la vieillesse et la jeunesse seront supprimées, et qu'il ne restera qu'une seule limite d'âge, les gens ressembleront à des trentenaires, quelles que soient les années suivantes.».

Les informations données d'en Haut et construites sur une variété de nouveaux termes, introduisent une personne à des concepts complètement nouveaux sur la structure de l'homme et du monde.

La caractéristique fondamentale de la construction est la trinité de tout ce qui est spiritualisé. La trinité est possédée par l'âme d'une pierre et l'âme d'un animal, la trinité est inhérente à la construction de l'espace et de l'homme. Cette caractéristique commune permet de combiner tous les éléments très différents en un seul fonctionnement, en travaillant sur le Volume commun, dans lequel il existe et se développe.

Mais la chose la plus importante à noter dans ce qui précède est que toutes ces différentes structures sont reliées les unes aux autres par certaines dépendances et fonctions, et n'existent pas séparément les unes des autres.

Tout ce qui se trouve dans un espace particulier, est soumis à ses principales caractéristiques et qualités. Par conséquent, toute forme, lorsqu'elle est construite, leur est liée dans sa construction non seulement dans le plan physique, mais aussi sur le plan subtil. Et à cet égard, toute forme dépend du plan initial d'où elle émerge et pour l'homme c'est le monde physique, sa matière. Le corps humain ne peut pas manifester quelque chose d'étranger au monde donné, sinon il ne pourra pas interagir avec lui.

Les éléments constructifs et les qualités homogènes qui composent la matière du corps et du monde environnant, doivent travailler ensemble et ont donc avoir les mêmes paramètres pour leurs unités constitutives (atomes, molécules).

Mais la matière physique est toujours au Niveau inférieur à l'âme qui y est mise. Et cela est fait dans le but de contrôler la matière basse avec la haute matière, c'est-à-dire de contrôler l'âme avec le corps humain. Cette maîtrise se manifeste encore dans une faible mesure et ne donne pas le développement du potentiel de l'homme. Mais la partie Gestionnaire de l'âme contrôle toujours le corps, influence ses actions.

Gestion « contrôle » ne signifie pas qu'il s'agit d'une constante immuable. Le programme introduit dans la structure humaine «l'éducation» de la partie managériale, c'est-à-dire, que le développement et le perfectionnement de cette partie se fait par son intermédiaire.

En changeant les qualités positives et négatives de sa propre base trinitaire de l'âme, une personne influence le changement de la qualité de sa partie de Gestion de la base trinitaire par ses actions personnelles.

Le programme est primordial.

Il dicte les variantes du comportement possibles d'une personne pour son Niveau, et elle, en faisant un choix de ces variantes, accumule en elle des qualités positives et négatives, et elles forment déjà la Base de Gestion de l'âme.

Mais en même temps, le choix qu'une personne fait dans le présent dépend des accumulations passées de la matrice, à partir de laquelle la partie de Gestion s'est formée dans les vies précédentes. C'est pourquoi il y a une telle influence réciproque de l'un sur l'autre: la partie Gestionnaire influence les actes de la personne et ses actes sur la partie Gestionnaire. Toutes les subtilités de leur relation consistent dans le choix fait par une personne dans chaque situation, dans la compréhension des connaissances.

Si la forme du corps humain est attribuée à la bioconstruction, qui est contrôlée par le mécanisme subtil de l'âme, alors nous pouvons dire que la personne appartient à un dispositif cybernétique.

La partie gestionnaire de l'âme est associée aux fonctions du cerveau et de la moelle épinière, qui régissent la matière physique. Et il est difficile pour une personne d'imaginer la complexité de ce mécanisme de transmission de la partie de Gestion de l'âme à l'appareil administratif du corps. Il peut être aussi facile qu'un non-technicien de comprendre le fonctionnement d'un téléviseur.

Toute action qu'une personne fait, est sujette au calcul, c'est-à-dire que chaque situation spécifique nécessite certains coûts énergétiques d'une personne. Par conséquent, lorsqu'un programme est donné à l'homme, alors selon les situations, on calcule la quantité maximale d'énergie qui devra être dépensée sur un individu pour qu'il puisse traverser ces situations.

Le calcul est effectué selon l'option qui nécessite la consommation d'énergie maximale de l'individu. Si l'individu choisit les chemins avec la dépense minimale d'énergie, alors il peut avoir une certaine réserve pour la vie future, ce qui est un fait positif, parce que nous savons que la dépense excessive d'énergie pour une personne menace de compliquer les situations de la vie plus tard, de durcir le destin.

Ainsi, le Déterminant de l'homme alloue une quantité d'énergie planifiée quotidiennement pour les situations du jour et du soir à venir. La qualité de l'énergie est également prise en compte. Certaines situations exigent une certaine qualité d'énergie, et d'autres en exigent une autre. Et tout cela est opéré par le Déterminant, plus précisément, le programme et le Déterminant régulent les énergies qu'une personne doit traiter à travers les émotions, les sentiments, les situations, et quelles énergies peuvent être stockées dans la matrice, étant à un Niveau de développement donné. Par conséquent, tout est calculé en fonction des options du logiciel.

La caractéristique de la perfection de l'âme dans une enveloppe matérielle est que qu'une personne est constamment amenée à expérimenter l'enfance et la vieillesse dans le but de l'éducation. Mais des âmes suffisamment matures commencent déjà à entrer en conflit avec les deux, parce que l'enfance ne permet pas à une âme mûre de se précipiter immédiatement vers l'objectif principal à une vitesse maximale, et la vieillesse, lorsque l'âme gagne encore plus de puissance et d'expérience, commence à fermer les possibilités de sa meilleure manifestation et progression ultérieure.

En acquérant la connaissance de quelque chose, en améliorant les qualités individuelles, l'âme perd du temps. Par conséquent, elle commence à entrer en conflit avec le corps, avec des stades de développement tels que l'enfance et la vieillesse. Les âmes des gens par la réincarnation ont déjà eu un développement moral et éthique suffisant, et la vieillesse en tant que moment de leur éducation a perdu son sens antérieur. Au contraire, elle s'est transformée en une sorte de frein au progrès de l'âme.

Les Constructeurs Supérieurs prenant en compte cette protestation de l'âme, tentent d'introduire un modèle amélioré de l'homme dans la race future, en retirant l'enfance et la vieillesse du stade de développement, comme nous l'avons indiqué dans le livre «Les mystères des mondes Supérieurs» (chapitre «La race d'Or»). Déjà à l'heure actuelle, ces étapes ralentissent le développement des constructions subtiles humaines, les empêchent d'augmenter intensivement leur potentiel.

L'enfance ne sera supprimée que dans la version précédente de son existence, lorsque les enfants passent une grande partie de leur temps libre en vain. Mais cela ne doit pas être compris comme le fait qu'une personne commencera immédiatement à entrer dans la vie en grand dans une forme mature. Le corps passera du nourrisson à l'adulte, mais ce processus s'accélérera également.

Cependant, cette première étape de développement sera remplie d'un contenu différent: les situations viseront davantage à améliorer l'âme de chaque personne. Il n'y aura plus d'enfance vide. La vie doit être pleine de cognition, d'apprentissage de quelque chose de nouveau : nouvelles formes de mouvement, possession d'énergies subtiles, connaissance des mondes subtils, etc. A partir du travail avec les énergies physiques grossières, une personne ira davantage travailler avec les plans subtils.

En liaison avec l'introduction du système de développement à trois et quatre programmes dans la sixième race, l'intensité des situations de la vie augmentera. Cela permettra d'augmenter la capacité énergétique des qualités accumulées. Une personne commencera à acquérir rapidement une grande variété d'expériences, y compris organisationnelles, car chaque individu doit apprendre à diriger, gérer, planifier et, surtout, guider correctement le développement des personnes qui lui obéissent, peu importe où elles se trouvent: travail, famille ou communauté.

Le but de toute unité dirigeante n'est pas de se délecter du pouvoir et de la subordination des gens, mais d'apprendre à penser en catégories sociales. Cela signifie apprendre à fournir au groupe de personnes confié non seulement le même type de travail, mais aussi à prendre soin de leur développement complet, à encourager les capacités et les aspirations à des idéaux supérieurs, à satisfaire et subvenir à leurs besoins matériels pour reconstituer leur force physique, créer les conditions de la créativité et lutter contre leur dégradation.

Tous les niveaux de la Hiérarchie de Dieu sont construits sur la soumission et la direction des plans supérieurs par rapport aux plans inférieurs. Les mondes Supérieurs construisent, planifient et gouvernent les mondes inférieurs.

Par conséquent, déjà à ce stade du développement humain, il est apparu nécessaire de développer des compétences organisationnelles. Elles ne peuvent pas être construites en une seule vie. Et jusqu'à ce qu'une personne atteigne le premier Niveau de la Hiérarchie, elles se développeront dûment en elle.

S'il y a cinq cents ans, de nombreuses qualités n'étaient pas requises, le moment est venu de les perfectionner chez une personne. Et il faut maintenant commencer à se perfectionner dès maintenant avec la famille. La famille est donnée à une personne, non seulement pour se sentir à l'aise dans la vie, mais aussi pour établir des relations sociales, la capacité d'interagir avec une variété de catégories d'âge et de types de personnages. Par conséquent, à partir de cette mini-cellule, il est nécessaire de déterminer en soi la responsabilité de chaque action engagée, de chaque destin qui entre en contact avec le vôtre.

Les Supérieurs fixent des objectifs globaux qui contiennent la structure des mondes entiers avec de nombreuses formes vivantes en leur sein. Et c'est en fonction de ces objectifs que l'on peut juger de l'ampleur de leur responsabilité à l'égard de tous les êtres vivants et de la bonne direction de leur développement.

Une personne en cours de développement, elle aussi à partir des mini-objectifs personnels de construction d'une famille et de création d'un monde familial finira par arriver à la mise en œuvre des mêmes objectifs grandioses. Mais elle doit commencer à apprendre cela maintenant. Et Dieu, à travers la famille, lui donne un tel droit de maîtriser les compétences organisationnelles et développer le sens des responsabilités.

Mais comme l'homme est à un niveau inférieur, il n'est pas capable de comprendre et d'évaluer correctement beaucoup de choses, c'est-à-dire qu'on ne peut pas être trop confiants, il faut être capable d'admettre ses mauvaises actions et s'efforcer de les corriger. Et pour comprendre qu'il y a des erreurs dans quelque chose, il est nécessaire de pouvoir obéir aux Supérieurs, de leur obéir sans conteste, car l'expérience supérieure a toujours de plus grands avantages que l'inférieure. Et ce que l'homme d'un Niveau de développement inférieur ne remarque pas, une personne Supérieure le verra. Par conséquent, il est si important de développer en soi-même des traits tels que «la soumission et le respect du Supérieur».

En tant que futur organisateur, un individu doit s'habituer à la responsabilité de toutes ses promesses, des paroles adressées à ses subordonnés. Une telle responsabilité ne se limite pas à la discipline, elle construit une personne sur le plan qualitatif. En elle, dans sa structure, c'est-à-dire dans la partie de Gestion de l'âme, doivent fonctionner des régularités, qui commenceront par la suite à le gouverner comme des qualités de son caractère. A cet égard, l'homme développe son caractère au cours de nombreuses vies et situations.

En particulier, un trait de caractère tel que l'assiduité, un homme se développe également dans le processus de la vie. Mais certains individus considèrent que l'obéissance excessive est indigne pour eux-mêmes, de plus, il est humiliant pour eux d'exécuter les ordres des autres, à leur avis. Et ils essaient d'échapper au pouvoir des autres pour acquérir une indépendance totale.

Mais c'est une illusion d'indépendance. Il y aura toujours des Supérieurs au-dessus de l'individu, et Ils orienteront ses affaires non pas dans le sens d'une existence douce et sans nuages, mais là où ils le jugeront nécessaire.

Dans un effort pour sortir de la subordination de quelqu'un, l'individu évite ainsi de développer en lui-même une qualité telle que la diligence. Cependant, les Supérieurs valorisent cette qualité et y attachent une importance particulière. Par conséquent, celui qui ne veut pas obéir à un autre, effectuant le travail proposé (bien sûr, nous parlons d'activités positives, et non de ces actions qui mènent au Diable), sera forcé par le Très-Haut de travailler en lui-même dans des situations difficiles. Sinon, il sera envoyé au Système négatif. Et là-bas, ils n'ont pas leurs désirs et accomplissent ce qui est donné d'en Haut.

Et ici, il est nécessaire de souligner un tel moment: l'absence d'une qualité telle que la diligence, et l'exécution d'ordres qui causent des dommages physiques ou moraux à autrui, conduit au Diable. Autrement dit, l'exécutif doit être raisonnable, pas aveugle pour ceux qui souhaitent entrer dans la Hiérarchie de Dieu.

Ainsi, les qualités indiquées par les Supérieurs pour qu'une personne puisse travailler, sont très importantes pour nos Enseignants.

Lorsqu'une personne prend une position de leader et possède les traits de caractère indiqués, elle devient un exemple pour ceux qui se trouvent en-dessous. Dans l'imitation, les subordonnés sont construits dans les qualités nécessaires au Très-Haut, bien que, bien sûr, les conceptions des individus puissent changer. Il y a une amélioration constante de la forme humaine. Toutes les lacunes que la cinquième race a commises, seront éliminées dans la sixième race.

Cela se fera à la fois en introduisant une conception plus modernisée du corps humain et en stabilisant le mode de vie. Tout visera à accélérer la croissance d'un énergopotentiel de l'âme. En passant trois ou quatre programmes à la fois dans une vie et en participant à un cycle accéléré d'âmes (elles seront souvent incarnées dans la vie, sans s'attarder longtemps dans le plan subtil, comme c'était le cas dans la cinquième race), elles gagneront du temps dans leur développement. De telles âmes accéléreront considérablement leur perfection. Ce sera un saut dans le temps.

Une caractéristique du développement de la sixième race sera l'état de la société du même âge: fondamentalement, tout le monde ressemblera à une seule catégorie d'âge, qui s'est arrêtée au niveau des 30-35 ans. La société sera composée de jeunes et de belles personnes, les personnes âgées et les vieillards disparaîtront de la vue. Ceux qui atteignent l'âge de 50 ans ou plus, continueront à avoir l'air d'avoir trente ans.

Dans une telle société, les âmes plus âgées qui ont traversé un plus grand nombre d'incarnations et qui ont acquis la plus grande expérience totale de la vie par rapport aux autres deviendront des leaders. Autrement dit, extérieurement, les gens auront la même apparence, mais ils ne différeront que par leurs qualités intérieures, par l'accumulation de la matrice et par l'énergopotentiel de l'âme. Ce sera une relation complètement nouvelle.

Pleins de vitalité, non distraits par la vieillesse et la maladie, les représentants de la sixième race aideront à éliminer les écarts que notre cinquième race a permis dans le développement.

Chapitre 3
Le principe de l'impact des émissions de télévision sur les êtres humains

Nous avons déjà écrit que la télévision sert de mécanisme pour collecter les énergies produites par une personne à travers les sens (le livre «Révélations du Cosmos», chapitre 13). Examinons maintenant de plus près cette question en relation avec le principe de la télévision en interaction avec les sens humains.

La télévision est une modification parfaite du mécanisme de collecte d'énergies à un moment donné. Elle est construite sur le travail avec de nombreuses gammes d'énergies très différentes. En outre, elle sépare les énergies par fréquence, ce qui facilite encore plus dans les couches supérieures leur mouvement ciblé vers leurs égrégores*.

Des énergies séparées sont plus faciles à capturer, elles ne nécessitent pas de traitement supplémentaire. Un exemple d'énergies non divisées, est une psychoforme*. Pour en tirer un type d'énergie spécifique, il doit être soumis à un traitement supplémentaire.

Mais comment fonctionne la télévision, comment l'énergie est-elle collectée et envoyée vers le Haut, où est-elle collectée dans des réservoirs spéciaux d'énergostockage ?

La télévision diffuse une grande variété de programmes: économiques, politiques, militaires, lyriques, etc. Tout programme est construit de telle manière qu'il montre la manifestation de certains sentiments et émotions chez une personne. L'homme ne peut pas rester complètement indifférent à ce qu'il voit. Il réagit toujours d'une manière ou d'une autre. En fait, il regarde pour ressentir quelque chose, pour obtenir des impressions de l'émission télévisée. Par conséquent, toute indifférence, c'est-à-dire l'absence de réaction à quelque chose, est conditionnelle.

Il existe plusieurs types d'indifférence: l'indifférence du découragement (c'est une sorte d'énergie), l'indifférence de l'orgueil (une autre sorte d'énergie), l'indifférence de la cruauté, l'arrogance, l'impuissance, etc. Et tout cela sera des fréquences d'énergies différentes, sans parler d'autres sentiments, tels que l'amour, la joie, la haine, l'inspiration etc. Par conséquent, quel que soit le type de spectacle qu'une personne regarde, elle réagira toujours à ce qu'elle a vu en fonction du bagage d'énergies qu'elle a déjà accumulé au cours des incarnations passées.

Il existe trois types d'interactions, de réactions à ce qu'elle a vu: l'acceptation par l'âme, le rejet et l'un des types d'indifférence dont nous avons discuté ci-dessus. Dans les trois cas, il y a des réactions à l'intérieur d'une personne, en raison desquelles la personne produit un certain type d'énergies auxquelles le spectacle donné est destiné.

Le mécanisme d'action est que si l'événement de divertissement proposé est accepté, les énergies de l'âme entrent en résonance avec les énergies sur lesquelles ce spectacle est construit. La résonance donne une augmentation de l'impulsion, une poussée d'émotions, c'est-à-dire que les sentiments sont inclus dans le travail, et c'est une multitude de toutes sortes de réactions dans le corps physique qui se poursuivent dans l'enveloppe astrale.

Si l'homme regarde un film où la cruauté, la violence et les scènes le divertissent, cela signifie que les énergies de violence et de cruauté résonnent dans son âme. Supposons qu'il possède une quantité insignifiante de ces énergies, mais lorsqu'une personne regarde de tels films, très souvent sous l'influence de la résonance, très souvent ses émotions se mettent à fonctionner, le mécanisme de recyclage des énergies est activé, et des qualités négatives telles que la cruauté, la soif de réprimer, de faire plier les autres, de leur dicter sa volonté augmentent progressivement à l'intérieur de son âme.

Si l'âme aime quelque chose, alors, premièrement, elle commence à produire le même type d'énergie, s'accumulant partiellement en elle-même, augmentant et consolidant une certaine qualité du caractère. Et deuxièmement, une partie des énergies produites par une personne est projetée hors de son corps et capturée par l'écran de télévision. Par conséquent, il se compose de nombreuses cellules, dont chacune est conçue non seulement pour la reproduction de l'image, mais également pour la rétroaction avec une personne pour capturer les énergies de certaines fréquences produites par le travail des sentiments.

L'homme a inventé la télévision dans le seul but de se divertir. Les Constructeurs Célestes, envoyant l'idée de sa création aux gens, avaient un autre objectif, d'obtenir le plus grand nombre d'énergies différentes et leur séparation pour une meilleure répartition dans les énergoréserves.

En outre, un individu peut être testé, zombifié et un certain nombre d'autres opérations peuvent être effectuées par le biais d'un téléviseur. Mais ces objectifs proviennent déjà de différents Systèmes: positifs ou négatifs, selon les expériences qu'ils mettent en place et ce qu'ils essaient de révéler chez une personne. Mais l'essentiel reste encore de capter les énergies.

La télévision est également un énergocapteur. Comme un film est généralement vu par des millions de spectateurs, et que tout le monde lui donne de l'énergie, il en résulte qu'un film qui prêche la cruauté et la violence donne une puissante poussée d'énergie négative, l'énergie de la cruauté, dans le Cosmos.

Mais en regardant ce film, beaucoup peuvent également ressentir du dégoût pour ce qu'ils voient, c'est-à-dire qu'ils ont un rejet des scènes montrées, donc une énergie de qualité opposée est générée, qui est collectée par le même écran de télévision. Même dans la même famille, plusieurs membres fourniront différents types d'énergie lorsqu'ils regardent le même film. Et toutes ces énergies seront perçues par un seul téléviseur, divisées, groupées et fournies à l'antenne, à partir de laquelle l'énergie sera dirigée plus loin, vers les Systèmes Cosmiques Supérieurs.

Des énergies déjà séparées iront dans le Cosmos à partir de millions de téléviseurs. Toute antenne a également un double objectif: elle reçoit des ondes avec l'image d'un spectre (c'est la gamme de fréquences matérielle), et émet une forme d'énergie plus subtile produite par une personne dans un spectre différent.

Considérons l'option lorsqu'une personne regarde un film avec indifférence et, ne semble pas l'apprécier. Mais, d'une manière ou d'une autre, et une fois qu'il regarde, voit un spectacle, alors, volontairement ou non, il s'engage dans le processus de production et de séparation des énergies. Le plaisir des spectacles bas ou du regard indifférent confère à l'âme une énergie négative. Et un seul de leurs rejets produit des énergies positives. Par conséquent, dans les deux cas, l'énergie est collectée auprès de chaque individu participant au spectacle.

La noosphère a une structure complètement différente de celle que nous voyons. La Terre dans ses structures subtiles est très complexe dans sa structure, qui est inaccessible à notre perception ou à notre compréhension. Par conséquent, lorsque nous parlons des pièges à énergie situés autour de la planète et de stockages d'énergie conçus pour collecter l'énergie produite par les humains, nous faisons référence aux structures du plan subtil invisible à l'œil humain.

Avant la création de la radio et de la télévision, ces pièges à énergie avaient une conception complexe et permettaient un certain nombre de défauts dans la collecte et la séparation des énergies. La radio et la télévision ont permis d'améliorer progressivement les pièges à énergie, en augmentant la qualité de la séparation des fréquences, en piégeant les spectres grossiers dans les couches inférieures de la matière et en ne laissant passer que le spectre élevé vers le haut.

Mais comme l'humanité, à la fin du XXe siècle, s'est écartée du programme de développement général requis et a commencé à produire une énorme quantité d'énergie à basse fréquence, les pièges à énergie qui n'étaient pas conçus pour un tel volume de saleté, ont cessé de fonctionner et de la saleté s'est déversée dans le Cosmos. Cela équivaut à la situation où les tuyaux d'égout sont trop remplis de matières fécales qui commencent à s'écouler à travers les regards d'égout vers la surface.

Le processus est similaire pour des basses énergies. Par conséquent, l'humanité s'efforce d'en Haut pour «corriger» et apporter ces normes de moralité et d'éthique qui contribueront à nouveau à la production d'une énergie élevée et propre.

La radio est basée sur le même principe, sauf qu'ici, moins de sentiments sont impliqués et la collecte d'énergie et sa séparation par fréquences est pire. Toutes les émotions et tous les sentiments sont activés par l'appareil sonore, donc la gamme de fréquences produites est beaucoup plus étroite que celle d'un téléviseur.

Les spectacles colorés d'un écran de télévision peuvent toucher une grande variété de sentiments dans l'âme d'une personne. Plus la couleur et la perception sensorielle de la personnalité sont fines, plus le spectre des énergies produites par elle est large.

Avant la création de la radio et de la télévision, l'énergie était également reproduite par l'homme à travers la participation à toutes sortes de situations, à travers des réactions à diverses images de la nature. Il y avait aussi des événements spectaculaires. Mais il n'existait pas de mécanisme aussi efficace pour collecter l'énergie que la radio et la télévision. Des énergies subtiles ont été jetées directement dans l'environnement et sont ensuite tombées dans des pièges énergétiques. Mais avec un tel mécanisme, il y avait de grandes pertes d'énergie, en plus, sa qualité était inférieure.

La télévision tout en faisant des programmes : politiques, économiques, humoristiques et autres pour ainsi dire, projette de libérer une énergie d'une certaine qualité dans le Cosmos. Les paroles d'amour provoqueront la production par les sentiments humains d'un spectre d'énergies, la transmission humoristique d'un autre, un tiers patriotique, etc. Par conséquent, lorsque tous les programmes sont basés sur des normes spirituelles et morales élevées, ils contribuent à la production d'énergies élevées par les gens; mais s'ils sont basés sur des normes basses, alors la saleté est déversée dans le Cosmos, ces «excréments» d'âmes basses qui empoisonnent les espaces proches de la terre et forcent les Systèmes Hiérarchiques à recourir à des mesures extrêmes pour la destruction des personnes (à travers toutes sortes de cataclysmes, accidents, guerres, catastrophes naturelles, etc.).

Les programmes de télévision, construits sur les fondements hautement spirituels de la morale et de l'éthique, sur l'implication des services religieux, étaient censés donner au Cosmos une énergie pure et légère. Mais comme les gens les ont dirigés dans la mauvaise direction, au lieu d'un effet positif, un effet négatif s'est avéré. Par conséquent, progressivement la télévision sera améliorée, en plus, les gens trouveront d'autres façons de passer du temps.

La nouvelle sixième race mettra les principes spirituels à la base de la vie, il n'y aura donc pas besoin de spectacles et de divertissements bas et sales.

L'introduction de l'âme dans un programme de la vie future

En général, une personne s'aime toujours extérieurement, quel que soit le corps dans lequel elle se trouve. Et si on lui proposait d'emménager dans le corps d'un voisin ou même d'un meilleur ami, elle ne serait pas d'accord même s'ils étaient très beaux et sportifs. Elle aime toujours son propre corps et surtout son propre visage, même s'il présente quelques défauts mineurs.

Au cours des réincarnations, l'âme se déplace d'un corps à l'autre, et chacun d'eux dans la vraie vie lui semble proche, chère, bien-aimée.

Si on montre à l'homme son apparence passée, qu'il avait dans l'incarnation passée, cela lui semblera étranger. Et il le traitera de manière critique, en révélant les défauts et les inconvénients. Le corps passé semble déjà peu attrayant, et une personne ne manifestera aucun intérêt pour lui.

À première vue, tout cela peut s'expliquer simplement: une personne s'aime généralement dans le moment présent, mais alors qu'il ne peut pas aimer le passé, comme l'ancien.

On aime le corps actuel parce qu'on s'y habitue depuis l'enfance, et la force de l'habitude est égale à la force de l'amour.

Mais en effet, la raison est différente. Bien sûr, il y a beaucoup de gens qui ne sont pas satisfaits de leur apparence. Mais un regard sobre sur eux-mêmes leur est donné spécialement dans un but éducatif.

C'est comme si l'influence hypnotique du programme leur donnait une attitude d'amour envers eux-mêmes et leur propre corps afin de soigner leur apparence extérieure, de les garder propres, purs et sains.

Les personnes insatisfaites de leur visage ou de leur corps commencent à les améliorer à travers les cosmétiques, les coiffures, le sport, la mode. Elles développent un sentiment accru de la beauté extérieure. Les objectifs, bien sûr, sont différents.

Une personne peut avoir une apparence aussi désagréable pour certaines raisons karmiques, par exemple, dans le passé, elle se moquait de l'apparence de quelqu'un et, par conséquent, en guise de punition, elle a été forcée de subir des opinions négatives et des moqueries des autres. Ainsi, lorsqu'une personne n'est pas satisfaite d'elle-même, deux raisons fonctionnent:

- une mauvaise apparence est donnée dans le but de travailler sur le karma ou

- afin de faire de la personne le créateur d'elle-même (du moins en apparence).

Par conséquent, toute femme laide, si elle le souhaite, peut se rendre belle.

Mais au fond, la personne s'aimer et aime se regarder dans le miroir, elle aime s'habiller magnifiquement et soigner son corps. Et quand l'âme n'a pas ces deux raisons, alors son attitude normale envers le corps donné dans la nouvelle vie est l'amour pour elle. Mais comment y parvenir ? Est-ce aussi simple que cela ?

Pour que tout corps donné à l'âme soit perçu par elle comme le sien, comme aimé, il lui est donné le temps «d'entrer» dans le programme de la vie avant d'entrer dans l'enveloppe matérielle.

Avant même que l'âme n'entre dans le corps de l'enfant, elle passe par un travail préparatoire, une adaptation avec le nouveau programme. Elle se familiarise avec le programme futur et c'est comme si elle (l'âme) s'enracinait dans ce programme, dans les événements futurs, les formes futures. Par conséquent, la plupart des gens aiment leur vie et en profitent. Ceux qui souffrent et gémissent, travaillent leur karma, leurs dettes passées.

Le programme oriente nécessairement l'âme vers certaines formes parmi lesquelles elle vivra, et même vers certains individus qui doivent jouer un certain rôle dans le destin d'une personne donnée dans le futur.

Pourquoi une personne éprouve-t-elle parfois de la sympathie pour une personne au premier abord et de l'aversion pour une autre ? Ils disent que la première impression est la plus vraie. Et c'est parce qu'à la première rencontre, il y a un "souvenir" de l'âme, que cette personne doit lui apporter plus tard de la joie ou des ennuis.

L'âme se souvient souvent du programme, mais pas dans des situations, mais dans ses impressions. (Soit dit en passant, il faut ajouter que les personnes faibles ne sont pas autorisées à se familiariser avec le programme. Elles ont juste une attitude dur pour aimer leur corps). Lorsqu'elle a pris connaissance du programme, elle a découvert que dans telle ou telle situation, une personne lui apporterait de la joie. Et lorsque la situation se produit, déjà au niveau de l'intuition, l'âme, parmi plusieurs personnes, reconnaît celle qui doit lui apporter du bien, et elle est imprégnée d'une humeur particulière.

Ou, à première vue, quelqu'un ressent une forte antipathie envers une personne. Cela peut également être lié à la mémoire de l'âme. Mais les âmes sous-développées oublient presque tout et comptent dans leurs relations sur l'opinion des autres.

C'est-à-dire qu'une connaissance préliminaire de l'âme avec le programme lui est donnée afin qu'elle développe l'intuition et la vision des personnes associées à son programme, et pour qu'elle aime ce dans quoi elle doit habiter. Mais pourquoi s'oriente-t-elle vers l'appéciation des situations et de la vie ?

Une âme peut passer d'un monde à un autre, où il existe différents environnements et différentes formes d'existence.

Mais même si elle vivait dans le même monde, mais il y a cent, deux cents ou cinq cents ans, le monde dans une nouvelle incarnation lui semblera étranger, car à travers sa mémoire passée, elle sera liée à un environnement complètement différent. Par conséquent, tout ce qui l'entoure lui semblera étranger

Par conséquent, s'il n'y a pas d'orientation préalable aux formes du monde donné, l'âme ne pourra pas vivre dans le nouveau monde avec ses anciens concepts de formes.

Mais pour que l'âme puisse percevoir normalement le nouveau, un codeur-traducteur d'anciens concepts et formes en de nouveaux, y compris la forme de son corps futur, son apparence future, est inséré dans le programme. L'âme est en harmonie avec sa nouvelle enveloppe physique. N'étant pas encore incarnée, une âme doit aimer le futur corps, quel qu'il soit, c'est-à-dire que cet amour de soi-même est mis au programme, de sorte que l'âme, qui dirige ce corps, le chérit, s'en soucie et se bat pour sa préservation, car elle doit par tous les moyens mener son programme à son terme.

L'âme s'incarne dans le corps d'un Noir et elle s'aime, ou dans le corps d'un Chinois, d'un Français et elle s'aime toujours, bien qu'elle soit la même, bien que les corps soient différents. L'âme peut être envoyée dans un monde parallèle sous une forme tout à fait inhabituelle pour elle, et elle doit s'y habituer. Et lorsqu'une âme animale transforme en une forme humaine, elle doit aussi changer le critère de ses appréciations de l'enveloppe physique et du nouveau mode d'existence. Et tout cela se fait à travers le programme. Les individus, par exemple, qui n'entrent pas dans la situation du programme, restent inaperçus par une personne ou sont accueillis par elle avec une indifférence totale. Par conséquent, l'introduction préliminaire au programme est d'une grande importance pour l'âme.

Si un facteur tel que le contentement de leur futur corps n'était pas introduit dans le programme, alors tout le monde penserait qu'un voisin ou un ami a un meilleur corps et les aimerait plus que le leur, et à cause de cela, il y aurait de nombreux problèmes et violations dans l'exécution du programme.

Après la mort, lorsque le corps obsolète n'est plus nécessaire, l'attitude «de s'aimer soi-même» est supprimée, donc, en quittant le corps, l'âme ressent une indifférence totale, voire un dégoût à son égard. Si, par exemple, en raison de circonstances imprévues, l'âme quitte le corps au milieu du programme, elle continue à ressentir de la sympathie pour lui. Et ce sont les caractéristiques de son effet sur l'âme.

«Entrer» dans le programme des âmes élevées avant même la naissance implique le fait de connaître les événements futurs. Après la naissance, la mémoire s'éteint, mais l'impression générale demeure. Par conséquent, beaucoup sont également satisfaits de leur vie et de tout ce qui s'y trouvait, et ils disent: «Si j'avais eu une vie différente, je l'aurais vécue de la même manière», c'est-à-dire qu'ils ne peuvent rien imaginer de mieux que leur existence actuelle. Bien que personne ne les laisse vivre à nouveau de la même manière. Mais le fait même qu'une personne aime sa vie et ne veuille pas la quitter, est basé sur l'entrée préliminaire de l'âme dans le futur programme.

Naturellement, tout ne lui est pas révélé dans le programme, la connaissance a lieu dans certaines limites autorisées, sinon l'amélioration de l'âme ne fonctionnera pas.

Après la naissance, le corps est déjà en phase avec des éléments spécifiques du monde environnant et avec lui-même. L'âme maîtrise de nouveaux concepts et connexions, maîtrise le contrôle et la maîtrise de son corps matériel. Il est difficile pour une âme subtilement structurée en tant que substance énergétique d'apprendre à contrôler la matière grossière, c'est pourquoi un enfant apprend les mouvements de son corps si difficilement et lentement, jusqu'à trois ou quatre ans.

Mais posons une autre question ici. Pourquoi les Enseignants Suprêmes appellent-ils à prendre tant de soin du corps physique, à y prêter autant d'attention, à apprendre à l'aimer ?

Ceci est lié à la réalisation du programme par une personne. L'individu est obligé de le remplir à tout prix.

Si une personne méprise son propre corps, nuit souvent à la santé, négligeant les normes d'hygiène et de protection, ou se plongeant dans des situations à risque, en tombant dans des accidents, elle ne survit que grâce au travail intensif de son Déterminant.

Une personne ne peut même pas imaginer la force et l'énergie que son Maître doit dépenser pour restaurer constamment son corps. (Et si elle a été accidentée, il est encore plus difficile de le remettre à son état normal, ce qui devrait lui permettre d'affiner son programme).

Le Déterminant doit veiller à ce que l'être humain soit sous une forme qui lui permette de travailler normalement et d'accomplir les tâches qui lui sont assignées par le Haut.

Si l'homme a négligé l'hygiène ou la prudence, ou a délibérément risqué de nuire à sa santé, il est déjà de la responsabilité du Déterminant de la ramener à la normale et de guérir. Et pour cela, il consacre beaucoup d'efforts, de temps et d'énergie.

Le travail des médecins à lui seul ne suffit souvent pas. Le Déterminant veille à ce que son élève soit conduit à l'hôpital à l'heure, afin que l'âme ne s'envole pas avant que l'assistance ne soit fournie, afin que le médecin qualifié nécessaire l'examine et lui prescrive le traitement correct, etc. Autrement dit, depuis le monde subtil, il doit faire un travail d'organisation et pousser les bonnes personnes vers son élève.

Quand quelque chose d'imprévu arrive à une personne, le Déterminant a beaucoup de problèmes. Et tout cela n'est que parce qu'une personne doit mener à bien son programme, qu'il soit général ou une variante. Si à la suite, elle décède (elle peut tellement endommager son corps que cela devient non viable), alors toutes les personnes associées au défunt avec leurs programmes ont des incohérences dans leurs programmes personnels.

Ces personnes se retrouvent dans des situations sans issue, se perdent dans les événements et ne savent pas comment résoudre davantage le problème. Pour cette raison, elles peuvent également ne pas réaliser leurs programmes personnels, et avoir des énergodettes. Le non-respect du programme par une personne peut entraîner la perturbation de d'autres grands objectifs du Cosmos, car tout est interconnecté, entrelacé.

Par conséquent, les Enseignants Célestes exhortent une personne à traiter son corps avec le respect qui lui est dû, à en prendre soin, à observer toutes les méthodes d'hygiène et à le soutenir avec toutes sortes d'exercices.

Si une personne est suffisamment consciente et prend soin d'elle-même ou, selon le cadre du programme, elle s'aime elle-même, alors il est plus facile pour le Déterminant de travailler avec un tel élève. Ils n'ont pas une consommation excessive de ressources énergétiques. De plus, avec un bon élève, le Déterminant a plus de temps libre pour lui-même, son travail dans le plan subtil.

Seul le désir de l'apprenti de remplir sa tâche fait que le Déterminant contribue à sa santé. Et par conséquent, une personne peut souvent même mal comprendre à quel point elle était proche de la mort à la suite de certaines actions erronées et ce n'est qu'au prix des efforts de son Déterminant qu'elle est restée en vie.

Il nous semble toujours que notre vie se passe sans moments ni crises particulièrement dangereuses. Et seul le Déterminant sait à quelle fréquence nous sommes au bord de la mort, et ce n'est que grâce à ses efforts que nous avons réussi à éviter toute menace. Par conséquent, par exemple, une personne ayant un cœur malade peut vivre jusqu'à soixante-dix ans, et une personne en bonne santé meurt d'une crise cardiaque ou d'un arrêt cardiaque soudain.

Dans le premier cas, avec un cœur malade, une personne devait suivre un programme qui durerait soixante-dix ans, et par conséquent, bien que la personne elle-même ait endommagé son cœur avec des surcharges ou du stress, le Déterminant l'a constamment aidé à se rétablir.

Dans le second cas, la personne a pris la mauvaise route, et bien que son cœur soit en bonne santé, le Déterminant l'a arrêté, provoquant une crise cardiaque. Le programme a atteint une impasse et une dégradation supplémentaire peut se produire.

Il arrive que la maladie soit planifiée selon le programme. Ensuite, le Déterminant doit également suivre son cours, afin qu'elle ne franchisse aucune frontière et qu'elle reste chronique, mais il ne coupe pas la vie.

Il en va de même pour certaines situations à risque. S'ils sont enregistrés dans le programme d'une personne et qu'une personne doit vivre jusqu'à un âge avancé, le Déterminant doit s'assurer que les situations ne vont pas aux extrêmes (par exemple, avec des cascadeurs, des athlètes, des militaires).

Mais il est important qu'une personne apprenne à aimer son corps et à surveiller le fonctionnement normal du corps, à prévenir les maladies, à maintenir sa force physique, à éviter les risques inutiles et insensés, etc. Lorsqu'une personne peut elle-même régler son état et sa santé normaux, il est alors plus facile pour le Déterminant de travailler avec un tel élève.

Il est du devoir de chaque Déterminant de fournir toutes les conditions pour l'accomplissement du programme par son étudiant. Il est du devoir de chaque étudiant d'accomplir ce programme avec le maximum de retour d'énergie à son Déterminant.

Le rôle de l'information dans le développement des enveloppes

Tout ce qui entoure une personne est porteur de connaissances, mais pas tout ce qu'elle est capable de prendre des données pour elle-même, pas tout ce qu'elle a appris à lire et à déchiffrer. Habituellement, l'assimilation des informations dépend du degré de développement de la personnalité, et plus elle est élevée en termes de Niveau. D'autant plus capable de l'assimiler de tout autour d'elle.

Cette capacité se développe avec la progression de la personnalité en raison du fait qu'une âme développée a un grand volume de concepts passés, c'est-à-dire qu'ils lui permettent de comprendre encore plus de nouvelles informations.

L'acquisition des connaissances n'est pas une mince affaire pour une personne, comme elle a l'habitude de le croire. Tout est déposé dans le bagage spirituel de l'âme. Le cerveau physique est une mémoire partielle de la vie réelle. La mémoire passée d'une personne est à plusieurs niveaux et est associée à l'accumulation de ses enveloppes subtiles et la matrice elle-même. Mais dans ce cas, nous ne parlerons que des enveloppes subtiles ou des énergocorps.

Les enveloppes subtiles de l'homme ont leur propre mémoire. Les sept énergocorps ont eux-mêmes une structure hiérarchique. Chaque enveloppe correspond à un certain Niveau de développement, car l'énergocorps ne fonctionne qu'avec une certaine gamme d'énergies. Par conséquent, nous pouvons dire que l'homme de la cinquième race a développé sept Niveaux dont le plus bas est le corps physique et le plus élevé est le spirituel. Ainsi, une personne est également inhérente, comme tout le reste, à une structure de Niveau.

Chaque Niveau, à son tour, a également une certaine structure, qui est soumise à la même hiérarchie, c'est-à-dire à l'ordre. Ainsi, par exemple, les organes du corps matériel sont disposés selon une structure hiérarchique, comme nous l'avons déjà écrit auparavant. Et Plus l'âme humaine est parfaite, plus elle possède des enveloppes subtiles ou des énergocorps.

Chaque enveloppe accumule des informations d'une certaine qualité seulement. Les enveloppes contiennent un mécanisme pour traiter les énergies d'une certaine gamme et les redistribuer davantage à travers d'autres enveloppes vers la matrice.

Si l'énergie mentale est fournie pour le traitement, alors l'énergocorps astral ne fonctionne pas dans le cas où la pensée n'est liée qu'à des calculs. Dans d'autres cas, la pensée est également colorée par le sentiment, par conséquent, l'énergie est redistribuée de l'enveloppe mentale à l'astrale, physique et en retour, comme si elle se retournait puis revenait. Lorsque les énergies du plan astral se développent, les énergies proviennent du corps physique, en se raffinant jusqu'à cette enveloppe.

Seules les énergies de la plus haute qualité entrent dans la matrice. Si l'enveloppe n'en génère pas, rien ne rentre dans la matrice. Tout dépend du travail de l'âme. Mieux cela fonctionne, plus les accumulations des enveloppes passent dans la matrice. Chaque enveloppe lui envoie sa propre qualité, mais qui a atteint la plus haute valeur normative. Une personne peut vivre toute sa vie, mais rien n'entrera dans la matrice des enveloppes astrales ou mentales, et seulement parce que l'énergie n'a pas atteint la qualité requise.

Autrement dit, une personne doit utiliser des mécanismes plus élevés en elle-même pour faire des accumulations dans la matrice. Et pour cela, elle sera ramenée à la vie plusieurs fois afin que la matrice soit enfin remplie des énergies du plan terrestre et qu'elle puisse s'élever plus haut. Et dans cette amélioration, ses enveloppes jouent un rôle, le reliant à ce monde et aux différentes gammes de ses énergies.

En outre, le corps physique a ses propres mécanismes de traitement de l'énergie sous forme d'organes. Et les accumulations dans le corps physique se manifestent dans sa croissance, dans son changement constant.

Chaque enveloppe est individuelle et ne se ressemble pas en termes de structure et de principes de fonctionnement. Et cela a à voir avec les types d'énergies sur lesquelles elles travaillent. Donc, en gros, le travail de la pierre nécessite une technologie, celui de la plastique exige une autre, et celui du bois exige une autre.

La qualité de la matière et la finalité du traitement sont déterminées par le processus technologique. Aussi dans les énergocorps : la qualité des énergies avec lesquelles ils travaillent et le but de leur traitement définissent la structure du processus technologique opérant dans chaque énergocorps.

Les enveloppes permettent de réaliser certaines accumulations. Mais toute énergie accumulée est un vecteur d'informations. Par conséquent, les accumulations forment la mémoire d'un énergocorps.

L'information doit nécessairement correspondre au Niveau de développement, sinon elle perd sa force motrice en tant que force qui contribue au développement de l'âme.

Dans le développement, l'individu passe du simple au complexe, mais des énergies grossières aux énergies élevées. Autrement dit, le travail avec les énergies passe d'un potentiel énergétique inférieur à un potentiel plus grand. Par conséquent, il lui est souvent si difficile de comprendre de nouvelles informations: son faible potentiel n'est pas en mesure de maîtriser les autres potentiels qui lui sont supérieurs. Et seuls un travail systématique et la persévérance peuvent l'aider à avancer dans la bonne direction du développement.

Dans tous les énergocorps, la mémoire du passé est différente. Cela dépend de l'énergie à partir de laquelle ils sont formés, car les différents énergoniveaux ont des accumulations qualitatives correspondantes à leur ordre.

Des accumulations qualitatives différentes correspondent à des informations complètement différentes. L'enveloppe astrale, dans laquelle se trouve le mécanisme de travail avec les sentiments, traite et accumule les énergies du plan astral. L'enveloppe mentale a un mécanisme de traitement complètement différent, car elle fonctionne avec un type d'énergie complètement différent.

Et rien que par la différence de fonctionnement des enveloppes astrales et mentales, l'homme peut voir à quel point elles sont disposées différemment, et les accumulations d'une enveloppe ne correspondent pas à l'accumulation de l'autre en qualité, et donc en type d'énergies. Et il en est de même pour tous les énergocorps.

Chaque énergocorps a sa propre façon de penser. Beaucoup de gens qui ne sont pas de nature intellectuelle, ne pensent pas avec l'enveloppe mentale, mais avec l'enveloppe astrale. C'est une pensée primitive et quotidienne. Et pour que le corps mental fonctionne, il est nécessaire d'apprendre suffisamment à penser d'abord avec l'énergocorps astral.

Lorsque les énergies d'un individu bas passent de l'enveloppe causale à l'enveloppe astrale, alors elles traversent son corps mental comme dans un espace vide. C'est-à-dire que l'énergie passe par le corps mental sans l'inclure dans le développement, puisqu'il est conçu pour fonctionner à un potentiel plus élevé. Les actions primitives sont construites sur le travail de réflexion d'un énergocorps astral.

Naturellement, pour cette raison, la mémoire de ces enveloppes portera des informations complètement différentes. Ce sont les différents types d'énergies qui fournissent des informations différentes.

Le caractère d'une personne est constitué de la totalité des énergies accumulées dans tous ses corps énergétiques. Son caractère dépend de ce qu'elle a accumulé, des informations, des types d'énergies qu'elle a acquis. Et comme toutes ces accumulations changent, le caractère n'est pas d'une qualité stable et constante et change à mesure que la personnalité se développe.

Les scientifiques ont découvert que l'ADN contient un programme pour le développement du corps physique d'une personne et, en tant que trait héréditaire, affecte la formation du caractère d'une personnalité. Et c'est pourquoi les enfants, futurs alcooliques, naissent dans la famille des parents ivres, les artistes apparaissent dans la famille des artistes, et les futurs candidats aux sciences apparaissent dans la famille des scientifiques.

Mais l'influence de l'ADN sur le caractère et le comportement humains n'est que de dix pour cent. Tout le reste est fourni par l'âme, la matrice, ses accumulations d'énergie. Et les accumulations de toutes les enveloppes ajoutent dix pour cent de qualités au caractère humain à partir des accumulations qu'elles contiennent. Autrement dit, on peut imaginer le schéma de ce qui forme un caractère humain.

Les composants du caractère de l'homme

(Toutes les enveloppes subtiles - 10%) + (ADN - 10%) + (la matrice de l'âme - 80%) = caractère;

Et le fait que les mêmes habitudes, inclinations ou talents soient présents dans les familles et qu'ils seraient hérités par des codes génétiques ne reflète pas la vérité. Ces familles ancestrales sont formées intentionnellement, et non dans le but de créer une répétition de caractéristiques héréditaires spirituelles précisément à travers l'ADN ou un code génétique. Les clans tribaux sont créés artificiellement par la sélection de certaines âmes. Les âmes basses sont envoyées aux familles basses, les âmes talentueuses aux familles élevées. Ceci est fait dans le but d'inculquer certaines inclinations dans l'âme.

L'âme d'un enfant dans une famille des musiciens doit acquérir certaines qualités qui lui font défaut. En même temps, l'enfant ne devient pas nécessairement un professionnel. Il obtiendra simplement les énergies qui lui sont dues. Ou il peut devenir une sorte de pop star, en fonction de l'objectif du programme.

Il faut se rappeler que certaines familles sont porteuses d'énergies négatives, par conséquent, les âmes des individus bas leur sont envoyées, qui ont le droit de choisir: suivre la voie négative (devenir des voleurs, des assassins) comme les ancêtres, ou se lancer dans le sport, dans l'armée, en développant les qualités d'un autre plan.

Pour qu'une personne puisse poursuivre la succession

patrimoniale, sa prédisposition à quelque chose ne suffit pas. Il faut nécessairement un programme correspondant (un artiste, un scientifique). Parfois, une âme basse est envoyée dans une famille créative à cause de ses dettes karmiques*. Cela peut également être associé à la construction énergétique de la famille, à l'équilibre des énergies positives et négatives avec lesquelles la famille travaille. L'ADN ne porte donc qu'une partie des traits héréditaires dans la formation des traits de la personnalité humaine.

Cependant, dans les clans familiaux, il y a autre chose, à savoir la matière physique peu organisée ou hautement organisée qui forme le corps humain. (L'organisation élevée et basse de la matière n'est prise en compte que par rapport à un stade de développement donné). L'âme basse se déplace dans la matière basse, ou plutôt, un corps est spécialement formé pour elle dans le ventre de la mère à partir de types d'énergies basses.

Une âme basse aura besoin de faibles composants de la nourriture pour construire une enveloppe physique. Par conséquent, une telle mère voudra fumer, manger des aliments salés et épicés. Par exemple, une femme, pendant sa grossesse, aimait sentir les gaz d'échappement. Tout cela indique déjà que la mère donnera naissance à un enfant de faible Niveau de développement, c'est-à-dire une âme jeune sur le plan de l'évolution, qui se caractérise par la dépravation.

Tous les composants avec des énergies plus élevées seront rejetés par une telle âme, expulsés du corps de la mère sous forme de scories, parce qu'ils ne peuvent pas être combinés avec le Niveau inférieur. L'âme basse ne peut pas utiliser les composants de haute énergie pour construire son corps physique, car l'âme n'a pas encore un certain potentiel qui peut se connecter aux énergies à haut potentiel. Une telle âme manque encore de structures intermédiaires qui lui donnent un potentiel moyen supplémentaire. Et les âmes qui ont déjà un potentiel moyen, sont capables d'attirer des composants élevés, car elles ne sautent pas au-dessus du stade de développement.

Bien sûr, tout cela est réalisé par le calcul. Les Supérieurs calculent sur le potentiel de l'âme à envoyer, quels composants conviennent à la construction d'un corps et lesquels, en raison de leur potentiel élevé, doivent être rejetés. Tout est calculé et mis dans le programme de construction du corps. Et les Supérieurs ont des méthodes spéciales pour construire un corps, en fonction du potentiel de l'âme à envoyer, il n'est donc pas difficile pour Eux de faire un tel calcul. C'est une technique standard. L'homme ne voit que le côté extérieur des phénomènes cachés à sa compréhension.

Si la femme enceinte a des habitudes aussi étranges que des exigences accrues pour sa propre propreté, l'aversion pour la saleté, alors de telles «bizarreries» peuvent être associées au fait qu'elle aura un enfant avec une âme élevée. Une telle âme, résidant dans le Monde Supérieur, où il est pur et léger, demandera aussi à la mère de se créer les conditions auxquelles elle est habituée. Et le corps d'un tel enfant sera construit à partir d'autres composants. Nous ne parlons pas d'une différence complète, mais partielle, car les Niveaux d'une personne ne diffèrent pas les uns des autres au point d'avoir complètement une qualité de matière différente. Le plus souvent, les composants sont entremêlés, il y a à la fois des hauts et des bas, car la plupart des âmes sont moyennes.

Puisque la matière du corps est chimiquement liée au type de l'âme, les âmes hautes et basses auront toujours une différence qualitative dans la matière physique du corps. Cela peut être insignifiant et il vous suffit de le voir. La composition chimique d'une personne hautement spirituelle et d'une personne peu spirituelle est différente. Mais les scientifiques commencent tout juste à découvrir cela en trouvant certains composants dans le sang d'individus négatifs qui sont absents dans le sang d'individus positifs. Des recherches plus poussées dans ce sens pourraient apporter de nombreuses découvertes à l'homme. Mais il est fort probable qu'il n'y en aura plus, car cette enveloppe physique a survécu et sera remplacée par une nouvelle. La sixième race aura un corps physique construit sur une nouvelle biomatière à d'autres qualités.

L'ajout suivant sur la forme externe et les enveloppes subtiles de l'homme a été donné par le Hiérarque de «l'Union»*.

«Aujourd'hui, nous allons parler des spécimens des vertébrés. Ils représentent le début d'une nouvelle branche de l'évolution appelée les unités vertébrées, qui représentent au mieux toutes sortes d'équivalents cosmiques, rassemblés en un seul tout.

Cet ensemble se distingue particulièrement par son orientation psychologique et évolutive. Cela signifie que telle ou telle espèce de vertébrés a une orientation générale de vie.

Il faut commencer la compréhension de soi à partir du corps physique et ensuite aller vers les corps subtils. Bien que les qualités de ce dernier soient émoussées mais indépendamment de cela, chaque enveloppe a une sortie colossale vers l'espace. Et cela signifie que tout énergocorps a sa propre sortie ou son chemin vers son monde parallèle.

Tout énergocorps est capable de donner de l'énergie au Supérieur en raison de la présence de cette sortie.

Sachant comment utiliser leurs enveloppes, une personne pourrait vivre librement et ressentir à la fois les sept mondes de la Terre. L'existence de mondes parallèles indique la multiplicité des plans de vie, même sur votre planète.

L'homme n'a pas encore appris à ressentir tous les mondes à la fois, bien que certains aient essayé d'entrer dans un ou deux mondes. L'homme a essayé de les maîtriser, mais ce qu'on appelle la matière, ne l'a pas laissé entrer. Il s'est avéré qu'il y avait une très grande dépendance à la matière physique et une très grande dépendance à l'apparence. Ces deux choses ne lui permettront jamais de voyager librement dans des plans parallèles, car au début il ne part que dans le sous-espace. La connexion avec le corps physique ne lui permettra pas d'aller plus loin, donc le vrai monde dans lequel il est entré sera caché à la connaissance. Mais en travaillant sur elle-même, une personne peut faire plus.

Pour Nous, une telle construction est commode pour Nos objectifs. Grâce à une certaine harmonisation, tous les corps peuvent être reliés entre eux et, en même temps, rester séparés. Une telle propriété Nous donne la possibilité de recevoir d'une personne, de chacun de ses énergocorps, notre propre type d'énergie, transformée en une forme plus grossière que celle qui a été libérée par Nous. Par conséquent, avant d'entrer dans l'énergostockage, ces énergies sont purifiées. Et à partir de là, Nous les emmenons pour construire de nouvelles formes».

De quel ordre des vertébrés, la Hiérarchie parle-t-elle dans ce cas, et pourquoi les distingue-t-elle en une espèce distincte et spéciale?

Il s'avère que le détachement des vertébrés se réfère non seulement à la Terre, mais aussi à l'ensemble de notre Univers physique. Il existe de nombreuses formes de vie différentes, dont beaucoup ont un état amorphe ou solide, ou quelque chose qui ressemble à des états gazeux pour les humains. Il y a beaucoup de formes de vie dont une personne n'a aucune idée.

Mais pour le plan matériel, la création de vertébrés était d'une importance particulière. Un squelette solide en forme d'os a aidé à développer des types spéciaux de mouvement dans un environnement matériel (marche, nage, vol des oiseaux), à créer eux-mêmes une variété de formes et non seulement sur notre planète, mais aussi sur d'autres planètes matérielles, c'est-à-dire que dans le Cosmos, l'ordre des vertébrés a été distingué dans une branche spéciale de développement. Et même de nombreuses espèces d'extraterrestres appartiennent également à des vertébrés, bien qu'en apparence, elles continuent de différer des humains. Mais l'idée générale de construction est préservée et permet d'unir de nombreuses formes dans la connaissance de soi, allant de ce qui est visible à ce qui ne l'est pas.

Mais tous les extraterrestres n'ont pas une forme similaire, la plupart appartiennent au plan subtil et il y en a beaucoup plus que les extraterrestres matériels. L'homme croit à tort que dans le Cosmos, tous les êtres intelligents doivent être exactement comme lui. Il y a un nombre limité de personnes comme les humains dans le Cosmos. Et bien qu'il y ait des vertébrés, leur apparence est loin d'être celle d'une personne.

La présence de la matière grossière témoigne également de la présence des enveloppes subtiles chez les extraterrestres, car il doit toujours y avoir des états intermédiaires entre la matière grossière et l'âme, c'est-à-dire que la structure du Niveau doit être maintenue.

Le nombre de corps subtils chez des extraterrestres doit être déterminé par leur degré de développement. Naturellement, plus les extraterrestres sont développés, plus ils ont des énergocorps. Et comme ce n'est pas une personne qui vient à eux, mais qu'ils viennent à lui, on peut supposer qu'ils lui sont bien supérieurs en évolution, d'où on peut conclure qu'ils ont beaucoup plus d'enveloppes subtiles que l'homme.

Cependant, la similitude des formes suppose la similitude des manières de les étudier. Il est donc évident qu'en se connaissant eux-mêmes, ils ont suivi les mêmes chemins que nous.

Mais en ce qui concerne l'homme, il s'est avéré que chacune de ses enveloppes est disposée de telle sorte qu'elle a accès au monde parallèle correspondant de la Terre. Et cela lui ouvre d'énormes opportunités pour l'étudier. L'enveloppe astrale d'une personne a un débouché vers l'enveloppe astrale de la Terre, le mental vers le mental, et ainsi de suite. Des volumes d'énergies homogènes sont combinés. Cela permet aux Supérieurs de mieux capter les énergies produites par un individu et de les collecter dans des énergoréservoirs spéciaux. Autrement dit, lorsqu'une personne produit l'énergie de la gamme astrale par le travail des émotions et des sentiments, alors une partie de celle-ci entre dans l'enveloppe, et en partie à travers le plan astral de la Terre, ses canaux remontent jusqu'à son énergoréservoir.

Auparavant, l'homme comprenait ce processus comme l'ascension de la vapeur d'eau de la surface du réservoir de la Terre vers le Haut. La vapeur s'accumule dans les nuages, passant dans l'air, et l'énergie, selon lui, a été collectée dans des égrégores qui n'ont pas de structure spécifique. Mais maintenant, nous savons que l'énergie astrale entre d'abord dans le monde correspondant à ses fréquences, et c'est l'identité des énergies et une structure spéciale du plan astral qui permet aux énergies de ne pas être dispersées sur le monde, mais d'atteindre l'endroit requis, en particulier l'énergodépôt où elle est placée selon ses fréquences en ordre croissant.

Mais comme l'être humain pollue généralement beaucoup l'énergie libérée, elle doit subir une purification préalable avant d'arriver sur le lieu de sa collecte. La purification de l'énergie a lieu dans les mondes subtils, chacun selon sa propre technologie. Les plus hauts n'utilisent que des énergies purifiées pour leurs besoins.

La personne elle-même ne sait toujours pas comment utiliser ses propres énergocorps énergétiques, mais ils lui ouvrent des perspectives pour entrer dans les sept mondes parallèles de la Terre, les connaître et les étudier. Il peut se connecter avec le monde astral de la planète à travers son enveloppe astrale, avec le monde causal de la planète, il peut se connecter à travers l'enveloppe causale personnelle, et ainsi de suite respectivement. Mais il faut être capable de tout faire, tout doit être appris. Et la connaissance de ces plans contribuera à l'amélioration de l'âme. Ce n'est donc pas la curiosité qui devrait émouvoir une personne, comme une connaissance superficielle, mais une soif de connaissance sérieuse des autres mondes. L'âme se perfectionne en les apprenant et en se perfectionnant.

Larissa Kartavtseva

LES PORTES DE L'IMMORTALITE

Celui qui est né, est destiné à mourir.
Malheureusement, notre chemin sur Terre n'est pas éternel.
Ne voulez-vous pas être immortel,
Répondez-moi ?

La Terre n'est pas la limite. Savez-vous ? Le monde est infini.
Plus loin de notre Terre, plus haut,
Plus il y a d'opportunités, de bonheur,
De la béatitude.
Il y a une raison pour laquelle nous sommes nés sur Terre
Pour se développer à la perfection, atteindre la perfection.
Et seulement quand nous avons vécu de nombreuses vies,
Nous comprendrons et reconnaîtrons nos erreurs,
L'Ange Céleste nous ouvrira les portes,
L'ange céleste nous appellera à Lui et nous connaîtrons Dieu.

LA PUNITION DE DIEU

Comment les Dieux nous punissent-ils?
Quelles mesures sont utilisées,
Quand nous nous égarons du chemin?
(Tout peut arriver dans la vie.)
Des punitions continues nous attendent,
Comme un débauché négligent:
Un mur d'incompréhension grandit,
Nous sommes plus stressés.
Après tout, le chemin des tentations et de la débauche
Nous sommes toujours punis par les Dieux.
Ceux qui s'y embourbent, seront comptés.
«Ne pensez pas à Dieu en vain!»

PROPHÉTIES

Combien de prédictions sont pleines de cataclysmes.
Des médiums, des astrologues de la Patrie diffusent.
Et même Nostradamus promet la fin du monde:
«Disparaîtra, oh, votre planète bien-aimée disparaîtra!»
Et nous attendons, et nous tremblons, et nous brûlons tous de
peur:
«Quand est l'apocalypse?» Et nous comptons nos jours.
Mais même à cette époque, nous ne nous tournons pas vers Dieu,
Mais dans l'ivresse et la débauche, on oublie longtemps.
Et de nombreuses prédictions se réalisent dans ce monde:
Des incendies, des inondations, des maladies ceci et cela.

*Et les gens meurent à nouveau, et les gémissements se font
entendre,*
Et les larmes vont bientôt se fondre dans un grand fleuve.
*Mais peu de gens, quand ils y pensent, comprendront que la
prophétie*
Nous a été donné d'éviter une telle punition,
Il nous est donné de penser et d'acquérir la spiritualité,
Et la prédiction ne sera qu'une convention.

DECODAGE

L'âme sera décodée et les cellules seront nettoyées,
*Et soudain, vous oublierez : qui vous êtes, d'où vous venez et qui
vous êtes.*
Et vous ne reviendrez plus jamais sur Terre en tant que bébé,
Vous ne boirez jamais l'eau de la source,
*Vous ne verrez pas de couchers de soleil et vous ne verrez pas
d'aube,*
*Après tout, vous oublierez pour toujours : qui vous êtes et d'où
vous venez.*

Chapitre 4
Les dialogues avec les Supérieurs

Dans cette partie du livre, je citerai l'appel de Dieu à un contacté, aux gens, ses premières conversations sur les mondes Supérieurs et ses espoirs pour l'humanité, ainsi que les réponses des Hiérarques à certaines de nos questions. Ce sont les informations des tout premiers contacts sur l'établissement du canal de communication.

Avant de commencer à recevoir les Lois, Dieu nous enseigne à L'entendre, à traduire correctement tous Ses concepts sous forme verbale et essaie de transmettre à travers la Haute Parole au cœur de chacun les concepts et les objectifs dans lesquels vivent les Personnalités Suprêmes, afin d'inciter ceux qui ont soif à aller de l'avant après Eux.

Mais le chemin vers le Haut ne réside que par la compréhension correcte des vérités. Chaque vérité correctement perçue, non déformée et non fondée sur une conscience égoïste primitive, remplit la matrice de nouvelles énergies élevées, élève les âmes dans les mondes de Dieu. Par conséquent, toute parole, toute information envoyée par Dieu et ses assistants, contient un don inestimable d'exaltation de la personnalité, mais pas dans une faible compréhension de cette expression, mais dans une haute, c'est-à-dire qu'elle aide à l'ascension de chaque âme qui veut les comprendre et gravir les marches de l'évolution vers les Sphères Supérieures.

Pour cette raison, chaque parole de Dieu, chaque information de Dieu, ainsi que les informations des Hiérarques Supérieurs, est un cadeau inestimable pour une personne, car nous sommes interpellés par les Niveaux, qui sont beaucoup plus élevés que le Premier Niveau de la Hiérarchie. Par conséquent, nous appelons leur information «Perles des Vérités Supérieures», c'est-à-dire ces joyaux vivants que Dieu et les

Hiérarques donnent à l'homme et qui sont capables de se développer davantage, ayant un effet bénéfique sur ceux qui les accumulent dans l'âme.

Les «Perles des Vérités Supérieures» sont cette essence précieuse de chaque révélation Divine, qui révèle les secrets de l'existence la plus élevée seulement à un cœur pur et fidèle, préparant une personne à cela par la perfection de son âme. Par conséquent, nous gardons nous-mêmes toute parole de Dieu et des Hiérarques comme la plus grande relique qui nous a été envoyée, et nous voulons que chacun puisse voir dans Leurs pensées, transformées en mots, non pas comme un simple ensemble de lettres ordinaires ou de phrases complexes, mais comme des lettres enflammés.

Dieu nous a parlé avec le feu. Et donc (je me référerai à l'histoire de la réception des "Lois de l'Univers") avant de les accepter, nous avons été forcés de déménager dans une autre maison, qui était située dans un marais, c'est-à-dire sur l'eau. Car l'eau est un excellent conducteur d'énergie.

Si nous étions restés dans la vieille maison, comme on nous l'a dit, le sol en dessous aurait pu se fendre (ce qui, d'ailleurs, a été prédit par d'autres contactés ne faisant pas partie de notre groupe). Pour éviter que cela ne se produise, nous avons dû déménager dans une maison construite sur une fondation sur pieux plus fiable. Au sous-sol, il y avait constamment de l'eau, car la nappe phréatique était élevée. Mais cela a permis de décharger tout excès de l'énergie au contact de l'eau, et elle l'a répartie uniformément plus loin le long des plans d'eau souterrains.

L'énergie a continué et nous l'avons ressentie. Notre principale contactée, L. Seklitova, malgré le fait que des blocs de refroidissement aient été installés dans ses enveloppes subtiles, comme l'ont expliqué nos Enseignants Célestes, s'est brûlée le visage lors de la réception des Lois Divines et a dû ensuite se rétablir pendant deux ans. Elle s'est brûlée le visage parce que la réception de l'énergie Divine passait par sa tête, par l'anneau d'impulsion.

Quand j'ai fait l'interprétation des Lois, même si l'énergie était plus faible, je pouvais la sentir me brûler de l'intérieur avec un étrange feu froid. Ma gorge me brûlait, mon chakra créatif. Il faisait si chaud par moments que je devais boire de l'eau froide ou allumer un ventilateur. Certaines Lois étaient si énergiques qu'elles m'ont aussi rempli d'énergie. Il me semblait que si je respirais, ma bouche allait s'enflammer, comme celle d'un dragon de conte de fées.

Tels étaient nos sentiments lors de la rédaction des Lois. Par conséquent, l'énergie Divine est entrée dans chaque mot à travers nous. Et, malgré le fait que les livres sont imprimés dans l'imprimerie, leur potentiel a diminué (parce que ce sont déjà d'autres moyens), mais il est resté le même, comme il est acceptable pour une personne, afin de ne pas le brûler, mais de remplir son âme du feu Divin. C'est pourquoi il est si important de comprendre et d'accepter avec votre âme chaque parole Divine. Le processus de transformation des âmes se produit par la compréhension de leur signification intérieure et la création d'actes dignes de Dieu.

Et maintenant, tournons-nous spécifiquement vers les textes transmis par Dieu par L.A. Seklitova dans ses premiers contacts d'ajustement, précédant le travail sur la réception des Lois de l'Univers.

- - -

«À travers toi, je parlerai à des gens qui sont ignorants, incroyants.

Mon phénomène n'est pas un mystique. Je ne mets jamais personne dans mes projets, mais quand j'arrive- le voyant Me verra, mais l'aveugle ne saura pas mon phénomène. J'arrive pour annoncer aux gens des choses qu'on ne leur a pas enseignées.

Laissez-les croire, et avec leur esprit ils atteindront Ma substance, qui leur a toujours été ouverte. Mais ils ne M'ont pas entendu.

Maintenant, tu feras passer à leurs âmes le message, que Je dois les convaincre, que Je dois refaire leurs esprits et corriger les actions. C'est maintenant et dorénavant qu'ils seront soumis à la correction, celle dernière sur leur chemin vers Moi.

Pourtant, je le dis: ils recevront de la communion de leurs coeurs. L'homme reste aveugle. Il ne Me voit pas, ne voit pas ses erreurs et ne veut pas les voir en se réjouissant de la sérénité. Je donne de l'information pour qu'ils commencent à voir clair.

L'information que tu recevras sera soumise à un déchiffrement multiforme: ce sont les mathématiques les plus complexes, la physique et l'électronique, ainsi que d'autres sciences. Je combinerai beaucoup de choses en vous. Tu es venue pour m'aider à corriger le monde sur la Terre, pour le transcoder. Personne ne m'empêchera de réaliser ce que j'ai prévu ((Signifie les opposants au nouveau).

Il y a beaucoup de places sur la Terre d'où on peut contrôler le codage du terrain. Cette transcodification est nécessaire pour Moi, et tu dois l'accomplir.

Mais tout ne se passe pas si bien que Je le pensais. Tout ne se fait pas de la manière que Je le voulais. Pourtant, de grandes choses vont arriver et Mes plans se réaliseront ».

- - -

Lorsque la mémoire du passé est éteinte, et que personne n'est informé du but, on ne sait pas comment son âme va se comporter. Mais beaucoup de gens se sont comportés contrairement à ce que Dieu exigeait d'eux au moment où ils ont reçu la liberté et ils se sont précipités pour obtenir le bien-être matériel, des titres, l'honneur des autres.

Lorsque la mémoire est désactivée, et il y a beaucoup de bas (faible)* autour, luttant pour leurs petits objectifs privés qui satisfont leur luxure, leurs instincts animaux et les autres désirs faibles, alors dans un tel environnement, il est difficile pour l'âme de déterminer ce qui est l'essentiel dans la vie, ce qu'il faut rechercher, ce qui est suprême et ce qui est le plus bas, ce qu'il faut éviter, et auquel il faut s'approcher par tous les moyens.

C'est dans un tel environnement que les qualités de l'âme (je ne dis pas « une personne» mais je dis «une âme») sont testées, parce que l'âme est toujours plus que la personne elle-même.

Si l'âme* est forte et elle n'a pas de défauts, elle s'efforcera sans relâche d'atteindre le but Supérieur, en contournant tout ce qui est bas, sans succomber aux provocations des Systèmes Négatifs. Si, cependant, il y a des défauts, même insignifiants, ils se manifesteront nécessairement dans les circonstances appropriées, et l'âme s'écartera sous divers prétextes du Très-Haut, dans une direction ou une autre.

Par conséquent, Dieu nous rappelle une fois de plus les principaux objectifs de chaque personne. Les petits objectifs sont différents pour tout le monde, mais le but principal de toute l'humanité est le même. Dieu en parle:

«Le but principal de la vie humaine est dans l'unité avec les Supérieurs, l'arrivée à un haut niveau de la spiritualité avec l'aide de Nos connaissances.

Le plus haut pour eux est la compréhension de l'information envoyée par Nous. Ils doivent atteindre ce qui n'est pas atteint, nommé ni trouvé. Le but de la vie est dans la connaissance de Nos tâches. Sinon, ils ne pourront pas faire le chemin par lequel nous avons tâché de les guider pendant toute la vie terrestre.

Les humains, ravisez-vous pour la dernière fois! Que les yeux s'ouvrent chez les ignorants qui ne peuvent pas vous toucher et découvrir Notre information à cause de l'éloignement des lieux de résidence.

Les éloignés se rassembleront autour du feu et réchaufferont les cœurs avec Notre feu. Cela arrivera bientôt. Le feu que Nous avons allumé va brûler, briller et guider les gens qui veulent aller de plus en plus loin. En même temps, tous les infidèles et les inconscients tomberont et brûleront. Cela assurera la purification à la Terre. C'est alors que l' "Union" recevra du soulagement.

Après avoir touché le feu bénéfique, ceux qui sont forts en esprit se redresseront, grandiront et guideront leurs compagnons. Il y aura des disciples, et les disciples des disciples. Cela arrivera, car Je le commande».

Un peu plus tard, Il parle du but d'une personne dans une syllabe plus complexe. Au fur et à mesure que nous maîtrisions l'information, sa syllabe est devenue plus complexe.

«L'ordre suivant des actions est établi pour l'homme pour le progrès de l'âme. Il doit être guidé par l'arrivée délibérée à des résultats finaux d'un tel ou tel but appartenant au Niveau correspondant du développement de la Terre.

L'arrivée au but permet d'augmenter les potentiels des pensées et de multiplier la tendance de **l'ordre hiérarchique*** placé sur le plan de Niveau, ce qui amènera les potentiels de vos pensées vers une ornière du **perfectionnement*** de soi, car cela provoque l'augmentation de l'autocontrôle sur l'événement, c'est-à-dire, sur la reproduction superficielle d'un tel ou tel mode configuratif d'action.

Tout cela conduit directement à la dépendance du plus grand potentiel des régressions techniques. Cela, c'est l'action nécessaire pour reproduire en vous les indicateurs qualitatifs d'un tel ou tel potentiel.

Le retour répétitif à la même action des différentes positions positivement similaires par rapport à l'objet agissant n'est pas bien accueilli par les lois du Cosmos.

C'est-à-dire, le but qui n'est pas atteint ne doit pas faire obstacle, mais doit être transformé en une vibration potentiellement nouvelle d'une image spécifique. Sinon, on peut dire que vous l'atteignez immédiatement ou transformez en une nouvelle image, en une nouvelle forme qui vous donne la possibilité de ne pas vous arrêter dans votre développement. L'arrêt entraîne une dégradation graduelle de l'appareil. Une nouvelle forme conduit à un perfectionnement continu physique aussi bien que spirituel, ce qui est proportionné.

Pour une arrivée individuelle vers le but par l'homme, on donne au moyen jusqu'à six mois du calcul du temps terrestre».

Lors de l'un des contacts, Dieu a soulevé la question de la descente des énergies puissantes sur la Terre. Ces énergies sont la raison pour laquelle, dans certains endroits du monde, les forêts et les tourbières brûlent de temps en temps, anéantissant des villages entiers sur leur passage. Ces énergies affectent également une personne, influençant les différents Niveaux de développement de différentes manières. Voici comment Dieu commence l'une des sessions de communication avec Larisa Seklitova et nous.

«Depuis ce temps quand J'étais avec vous chez Nous (*c'est-à-dire, avant notre incarnation sur la Terre*), Nous réfléchissions comment faire l'humanité faire front à Nous, au spirituel, et pas au terrestre. Mais Nous n'avons pas pris en compte combien de personnes seront décodées au résultat de cela. La mentalité humaine produit des déviations constantes vers les côtés qui Nous sont indésirables. Par conséquent, beaucoup d'âmes rejetées ont été révélées par les tests et la compréhension de Notre information.

Pourtant, personne et rien n'empêcheront la réalisation de Mes intentions. Mes plans sont grandioses.

L'homme doit comprendre la chose principale: Je détruis pour créer. Jamais je ne casse rien pour rien.

Pour garder un mécanisme énorme en ordre, il faut de l'énergie et un système pour l'organiser. S'il n'y a pas d'ordre, son contraire apparaîtra- le chaos. Sur la Terre, quatre-vingt-dix pourcent de ce que J'ai planifié, sont le chaos.

L'humanité a eu plusieurs chances de se corriger, mais elle ne les a pas utilisées. C'est pourquoi beaucoup d'âmes seront mises à la refonte. Alors que les âmes humaines qui ne font pas partie du plan de la dévitalisation existeront sous une nouvelle apparence humaine. Ce sera les gens d'une nouvelle ère, d'une nouvelle race.

Avec cela, la grande énergie que Nous envoyons sur la Terre maintenant sera augmentée trois fois.

Préparez-vous, vous aurez chaud. L'énergie aidera la planète et les âmes pures à s'élever à un Niveau supérieur. On peut dire que c'est l'énergie de départ vers le Haut.

En même temps, les âmes perdues, enlisées dans les péchés seront détruites par cette énergie. Cela provoquera une énorme peste sur la Terre. La purification se déroule à une vitesse incroyable.

Pourtant, de nouveau et pour la dernière fois Je tends la main à ceux qui désirent de se sauver. Alors, le voyant me verra dans une nouvelle forme, et l'âme aveugle se tiendra à l'arche qui coule.

De plus, je voudrais dire que les capacités apparaissent chez les corps faibles à cause du grand potentiel de l'énergie envoyée, mais ce n'est pas pour longtemps. Cela les détruit. Ils deviennent fous ou meurent vite.

Bien entendu, de nouvelles maladies apparaissent avec le lancement de la haute énergie, mais elles affecteront les faibles potentiels. Les forts potentiels et ceux qui sont spirituellement purs n'ont rien à craindre. L'énergie ne les brûlera pas, mais les élèvera. Ce qui est la mort pour les inférieurs, cela est la vie pour les supérieurs; ce qui est le bien pour les inférieurs, cela est la mort pour les supérieurs. Il faut le rappeler toujours».

Ce texte est assez clair. Dieu exprime sa frustration face au comportement humain. Plusieurs fois, Il a donné aux gens des chances de correction, mais sur mille personnes, une seule utilise cette chance. Les autres continuent à se comporter de la même manière immorale et vile qu'auparavant. Cependant, ils ne voient pas l'immoralité de leurs actions. Tout le monde se considère juste, mais grimpe obstinément dans la poche d'un autre.

Je dois dire que la majorité des personnes vivant sur Terre actuellement sont celles qui sont testées pour la question de la vie et de la mort. Ils ferment la mémoire du passé et envoient l'âme à la vie. Comment se comportera-t-elle dans les nouvelles conditions de pleine liberté de conduite et de pensée ? Que va-t-elle atteindre et combien de points gagnera-t-elle dans les situations qui lui sont attribuées ?

Tout est jeté sur la balance. Mais l'homme reste aveugle. Si tout est permis, croit-il, cela signifie qu'il peut voler son voisin, qu'il peut céder à ses bas instincts, car la liberté leur a donné un halo de «tendance à la mode». Il est moderne de prononcer le mot «sexe» et de parler de débauche comme d'un besoin humain naturel ; il est moderne de prendre les violations de la moralité comme des normes de comportement.

Et en cela se cachent des perversions de la morale, que les inférieurs ne voient pas, et Dieu juge par elles, comme par les normes qui détermineront la destruction d'une âme telle que le défaut, ou de donner une autre chance de correction.

Mais le temps est impitoyable. Lorsqu'il expire, alors les normes de l'évolution exigent des autorités Supérieures des mesures décisives et cruelles pour la destruction de ceux qui sont tombés.

Et le plus Haut doit aussi être compris: s'Ils n'ont pas le temps de répondre aux exigences spécifiques de leur évolution vers Eux-mêmes, alors la voie vers le Haut peut se fermer pour eux. Par conséquent, Dieu avertit sévèrement tous ceux qui se sont égarés sur la Terre:

«Il est temps de répondre. Je vous le dis et Je vous préviens à propos de ce qu'il faut faire pour purifier les âmes justes, salies par cette vie et par les péchés des autres. Maintenant, Je veux préparer ces âmes d'avance à d'autres fins.

Les purgés seront mis encore et encore dans la forme physique jusqu'à ce qu'ils n'atteignent dans ces constructions d'un seul ordre et jusqu'à ce qu'ils ne comprennent tout ce qui existe dans le Cosmos.

Les insoumis seront voués à l'oubli, ils seront privés de leur "soi".

On a envoyé des visions et des signes sur la Terre, mais en vain. L'humanité n'a même pas essayé de les rapporter à sa vie informe. D'ici provient l'absurdité des actions faites par les gens.

Le vingtième siècle est le résultat de Notre travail minutieux. Il résume le développement de chacun. C'est la fin des rêves sur le bien dans l'Univers et le paradis éternel. C'est la fin de l'illusion sur le pardon total des péchés. C'est la fin de ce mensonge sur les pécheurs justes et la repentance sans fin.

Les âmes perdues évaporeront pour toujours dans le néant. Leur châtiment sera sévère. Par conséquent, Je vous avertis encore une fois – n'aspirez pas à trouver les biens matériels dans votre vie. Ils contiennent tous les péchés.

Cherchez les Lois de l'Univers, Notre information, ouvrez vos âmes à des fins Supérieures.

L'homme doit partout augmenter sa responsabilité».

À une autre époque, Dieu parle aussi du mauvais comportement de l'homme dans les mots suivants, s'adressant à tous les habitants de la

Terre pour qu'ils prennent davantage conscience de leur vie.

«Écoutez et entendez votre coeur!

La voix de la Raison vous donnera ses appels. Acceptez-les et en prenez conscience! Car il y a beaucoup d'âmes arriérées sur la Terre qui écoutent la voix des désirs inférieurs et celle du cœur.

Il y a beaucoup d'indocilité. Beaucoup d'exaltation de soi-même.

Mais seulement les vrais fidèles verront Mon bienfait.

Le châtiment des ceux enlisés dans la cupidité et la lâcheté sera sévère. Pourtant, ils n'apprendront leurs péchés, leur coeur méchant enlisé dans la saleté humaine qu'après la mort.

Plusieurs sont devenus fiers de leurs concupiscences, tout en les mettant au niveau des exploits au nom de l'humanité et en se couvrant de cadeaux immérités.

Pourtant, ce n'est pas ces concupiscences dont J'ai besoin, mais de la vraie Foi en Supérieur, qui existe indépendamment de la race humaine. Réveillez la Foi dans le cœur et portez-la de jour en jour, d'année en année, de siècle en siècle. Des millénaires passeront, et plusieurs, qui resteront avec Moi, trouveront du repos et de la paix dans l'âme. Qu'ils se rassemblent dans Ma chartreuse !»

Dans cet appel de Dieu aux gens, je ne veux m'attarder que sur un seul point, à savoir "la fin de l'illusion du pardon". Les nouvelles connaissances révélées à l'humanité par les Supérieurs nous disent maintenant autre chose : **il est impossible de pécher indéfiniment et d'être pardonné. Ce n'est qu'une illusion**, derrière laquelle les plus faibles cachent la faiblesse de leur esprit et leur refus de se séparer de leurs propres vices.

Le pardon infini détruit l'incitation à lutter contre les tendances pécheresses personnelles et celles d'autrui. Pourquoi les combattre et les vaincre quand Dieu pardonne quand même. Par conséquent, au lieu d'arrêter immédiatement le vice en lui-même, une personne le répète des milliers de fois. Une telle illusion l'empêche de rechercher la perfection et l'entraîne dans le temps.

Les Lois de l'Univers, et en particulier, «La Loi de cause à effet», nous apprennent autre chose : rien n'est pardonné à celui qui s'est élevé sur le chemin de l'ascension vers Dieu.

Dieu Lui-même ne peut pardonner à l'homme ses péchés qu'après qu'il se soit sincèrement repenti et qu'il ait pleinement réalisé son péché devant Dieu. Et un repentir sincère signifie ne pas permettre que des méfaits se répètent à l'avenir. Mais lorsque l'homme se repent et pèche à nouveau, cela parle de son hypocrisie et de ne pas se rendre compte de ses méfaits. Sans un repentir sincère, il ne peut y avoir de pardon. Dans ce cas, lorsqu'il n'y a pas de perception, la loi de cause à effet entre en vigueur et l'être humain obtient ce qu'il mérite.

Seul le Diable peut pardonner les vices, car ils conduisent l'âme à lui. Il s'intéresse à ce que les gens font plus d'erreurs. Plus elle pèche, plus les énergies négatives s'accumuleront dans son âme et, par conséquent, il y aura plus de chances que cette âme L'atteigne. Par conséquent, le Diable s'intéresse donc au péché sans fin de l'homme. Le péché infini ne se produit que sur Terre, où les âmes sont divisées. Quand l'âme arrive déjà au Diable, l'éducation rigide commence dans le Système négatif.

Une personne paie tout grâce à la dépendance karmique. Même une bêtise est d'une grande importance sur le chemin de l'ascension: elle peut élever l'âme ou elle peut l'abaisser. Pour chaque pas en avant ou en arrière, une personne devra se présenter à ses Enseignants.

Les Lois du Cosmos sont dures: ceux qui n'ont pas réussi à suivre leur développement en temps voulu, sont soumis à un décodage impitoyable ou sont envoyés pour être corrigés dans des conditions encore plus difficiles dans d'autres mondes.

Pour toutes les erreurs commises qu'une personne fait dans la vie, elle sera punie.

Voici ce que dit la Hiérarchie sur la façon dont les Supérieurs tentent de guider l'humanité vers le vrai chemin de la perfection.

«A l'heure actuelle, lorsque les gens sont en retard à bien des égards sur le résultat souhaité, il y a quelque chose à s'interroger et à réfléchir. Mais, malheureusement, l'homme n'est pas aussi précis dans la perception des informations qui y sont contenues. Par conséquent, Nous répétons la même action plusieurs fois. Si cette fois cela reste incompris, Nous transférons la situation à la prochaine incarnation. Et à tout, ce programme inachevé est ajouté dans la prochaine vie.

Par conséquent, un être humain est une machine, mais avec une possibilité de choix que Nous lui donnons. Ce petit bout de liberté peut attirer un être humain vers un mauvais endroit, de sorte qu'il s'enlise dans des vices pour toujours. Et ils doivent être décodés ou envoyés dans des mondes très bas pour être corrigés.

Là, à travers le travail et la souffrance, l'âme peut vraiment s'élever encore plus haut que sur Terre. Et c'est la seule voie de salut que Nous avons inventée pour les égarés. Mais même de cette manière, tout n'est pas corrigé, et ces âmes doivent être complètement retravaillées et renvoyées à l'option zéro, autorisées à entrer dans une nouvelle étape de la vie, à partir du tout début. Si la même situation se répète à nouveau, les âmes sont à nouveau décodées. C'est un processus douloureux. Mais c'est encore une petite fraction de ce que les gens doivent savoir sur les âmes déchues.

La matière est facile à modifier, mais les âmes sont très difficiles à modifier, et il est donc impossible de prendre et de se dégrader complètement. Aucune âme n'est dotée d'un tel programme. Dans chaque programme, il y a des obstacles à la chute, souvent la mort, parce que les gens ne veulent pas comprendre qu'ils sont entrés dans le mauvais chemin.

Un effet minuscule est introduit dans chaque programme, même pour les personnes de haut niveau, ce qui donne soit des avantages en tant que point de contrôle, soit des tests. Et cela dépend de l'âme elle-même, de sa compréhension de ce qui se passe, si elle peut y faire face ou non.

En fin de compte, tout se résume à une chose: si l'homme veut descendre vers le bas, il succombe aux tentations et ne résiste pas aux épreuves ; s'il ne veut pas, le négatif finit par diminuer, il s'éteint par le positif, et parfois même disparaît complètement. Mais cela ne peut être que chez les personnalités les plus remarquables, qui sont formées de certaines qualités positives acquises dans la vie. Par conséquent, la spiritualité et la non-spiritualité sont deux choses différentes dans leur essence et dans la direction du développement. Mais une personne les choisit elle-même.»

Examinons quelques autres contacts de la première période.

Le texte est narré par l'un des Hiérarques de «l'Union».

Naturellement, pendant la période d'activité de contact, nous nous sommes intéressés à la question de savoir comment l'âme voit dans le monde subtil si elle ne dispose pas d'organes de vision tels que les yeux. Par conséquent, un jour, nous avons posé la question:

- Que pouvez-Vous nous dire sur la vision de l'âme?

Le Hiérarque répond:

«Ce sujet intéresse tout le monde et il y a beaucoup à dire à ce sujet. Mais disons ce qui suit.

La vision de l'âme est un type particulier de vision. L'âme voit de tous les côtés simultanément. Il s'agit d'une vision en trois dimensions. Elle n'a pas d'organe spécial de vision externe. Ce processus implique l'enveloppe subtile qui a une sensibilité particulière de cette qualité. L'enveloppe est constituée d'un type spécial de caillots d'énergie.

Ces caillots se déplacent très rapidement et émettent de la lumière. Ce sont eux qui transfèrent les images à l'âme. Et la couleur de l'âme elle-même peut changer en fonction de ce qu'elle voit.

L'âme, en règle générale, voit tout à fait différemment de l'organe physique dans le monde matériel. Vos yeux ne sont capables de voir qu'un seul monde physique. Et pour chaque enveloppe, la vision est conçue uniquement pour son propre monde et pas plus.

Naturellement, ce n'est que par la méthode de concentration des énergies que l'on peut atteindre un tel moment où l'enveloppe commence à voir un monde encore plus subtil, qui est proche dans sa structure et dans l'ordre des énergies. Par exemple, l'œil physique, on peut voir le plan astral, avec l'œil astral, on peut voir le plan mental et ainsi de suite.

Le monde spirituel n'est pas organisé de la même manière que ce qui vous a été expliqué par différents auteurs d'autres livres. Elle ne peut être vue que par l'âme, se libérant complètement de l'enveloppe physique, de sorte qu'il n'y a pas de connexions, pas de fils. Ils ralentissent et ne permettent pas d'entrer dans le monde spirituel réel. Et par conséquent, les âmes qui reviennent, n'atteignent pas le monde spirituel. Ils ne passent que par le plan astral et mental. De plus, il y a une autre règle pour entrer dans le monde spirituel: une âme ordinaire ne peut l'atteindre que par le biais du distributeur. C'est la fin d'une vie et le début d'une autre. Seules les âmes des messagers la contournent.

Mais nous nous sommes écartés du sujet. Revenons encore une fois à la vue de l'âme. Notre monde Supérieur, qui est spirituel pour une personne, arrangé de telle manière qu'il ne peut être vu que par le corps subtil* correspondant de l'âme. Par exemple, ce que vous appelez la lumière, n'est en réalité rien d'autre que la réaction des organes visuels à certaines particules subtiles.

Lorsque l'âme se déplace de monde en monde, ces couleurs changent. Il n'est pas possible d'expliquer dans votre langue toutes les complexités de la structure de la vision de Notre monde.

Si l'âme de notre monde désire voir quelque chose, elle le voit et s'entoure d'objets désirables. En faisant ce qu'elle veut, elle s'améliore.

Alors, on peut le dire, c'est le monde des images pour les âmes. Il est dans les limites du plan terrestre.

Par les images entourant l'âme, on peut juger si elle a beaucoup avancé dans sa perfection ou non. Il y a une échelle particulière. Et selon les images créées par une personnalité, les âmes elles-mêmes occupent ces marches en fonction de la hauteur des images créées. C'est leur monde.

En se regroupant, elles créent leurs villes, vous pouvez donc dire à votre façon. Les plus bas sont aux Niveaux inférieurs, les supérieurs sont aux Niveaux supérieurs. Toutes les étapes émettent une couleur spéciale. Les plus hautes n'ont pas de couleur, c'est-à-dire qu'elles sont incolores. Les plus bas ont une lueur blanche et plus loin est votre échelle de couleurs.

Les âmes elles-mêmes rayonnent de couleurs. Mais, néanmoins, ces âmes souhaitent à la fois régner et avoir des subordonnés. Mais ce sont leurs désirs, leur niveau de développement.

A chaque marche, la vision de l'âme s'affine et le rayon de perception augmente. Plus une âme habite dans un monde supérieur, plus elle peut parcourir de grandes distances dans une unité de temps, c'est-à-dire que la vision de l'âme s'améliore à mesure qu'elle se développe».

Question: - Quelle est la différence entre un monde où il y a des étoiles, et un monde où les étoiles n'existent pas ? Y a-t-il d'autres sources d'éclairage, et quelles sont-elles?

Le Hiérarque répond:

«La différence est essentielle. Dans les mondes avec des étoiles, la source lumineuse émet de la chaleur et des énergies d'une gamme subtile. Les planètes entourant l'étoile, complètent son travail. Elles lui donnent une énergie, qui complète ses enveloppes. Par exemple, la Terre travaille pour l'enveloppe du Soleil, la Vénus pour l'autre, le Saturne pour la troisième, et ainsi de suite. Deux planètes peuvent travailler sur une seule enveloppe. Et toutes les planètes ensemble fournissent l'éclat des étoiles. Un échange intense d'énergies a lieu.

Quant au monde sans étoiles, l'énergie y est distribuée d'une manière différente. Ces mondes ont des étoiles de substitution. Ce sont des entités de taille énorme qui recyclent l'énergie qu'elles reçoivent des continuums espace-temps, puis elles distribuent l'énergie recyclée dans des sous-espaces. On obtient là une sorte de structure échelonnée du Cosmos.

L'énergie est traitée à chaque étape et continue. Je parle d'un monde où il n'y a ni étoiles, ni planètes. Il n'y a pas de source de lumière parce que le monde n'a pas besoin de lumière. En général, la lumière n'est créée que pour les mondes physiques. Dans d'autres mondes, le concept de lumière est formé par d'autres façons, par exemple par la coloration. Et l'âme peut la percevoir avec une vision volumétrique. L'âme, par exemple, voit une telle lumière, parlant dans votre langage physique, mais en réalité ce n'est pas la lumière, mais un certain état du monde. Aussi, par exemple, après la mort, l'âme ne voit pas «la lumière au bout du tunnel», mais le monde, sa structure et l'état dans lequel il se trouve».

Question: - Que pouvez-Vous dire sur la liberté de l'âme?

Le Hiérarque répond:

«Vous voulez demander s'il y a des âmes libres ? Une personne comprend la liberté comme une autonomie et une indépendance complètes. Mais toute liberté est une illusion. Il n'y a pas d'âmes libres. Chacun appartient nécessairement à quelqu'un et donc l'obéit. Après tout, il y a quelque chose de plus haut que tout. Par conséquent, la liberté dans l'Univers est une appartenance à quelqu'un, c'est comme un cercle vicieux.

Vous pouvez faire quelque chose à l'intérieur de ce cercle et non au-delà des limites autorisées. Les limites sont fixées par les Supérieurs. Et l'âme demeurera en elles, jusqu'à ce qu'elle atteigne le Niveau suivant. Et puis ces limites seront supprimées pour elle, et de nouvelles seront à nouveau définies par le Niveau Supérieur. Mais les nouvelles limites seront plus larges que les précédentes.

Au fur et à mesure que les qualités spirituelles s'accumulent, les limites de l'activité s'élargissent de plus en plus. Ainsi, toute liberté est la limite de quelque chose».

Question: - Nous Vous avons posé plusieurs questions sur le Séparateur ou le Distributeur, mais nous voulons encore clarifier: qu'arrive-t-il à l'âme de la personne qui ne subit pas de décodage ?

Le Hiérarque répond:

«Comme indiqué précédemment, dans le Séparateur, la vie d'une personne est examinée de deux manières: d'un point de vue situationnel et énergétique. Sur le plan situationnel, cela signifie que tous les épisodes de la vie dans les moindres détails sont analysés. Ensuite, les accumulations de vie sont évaluées du point de vue d'un ensemble de différents types d'énergies. On détermine combien d'énergie allouée pour la vie a été gaspillée, combien étaient les dettes de la personne, combien d'énergie il devait transmettre au distributeur et combien il fallait transférer en Haut.

Les informations sur ses dettes, si elles existent, sont transmises aux programmeurs et Fondateurs* de l'âme en question qui décideront plus tard des situations dans lesquelles la personne sera entraînée afin de pouvoir payer les dettes. D'où la complexité du sort de nombreuses personnes.

En outre, les caractéristiques de toutes les affaires de la vie, principales et secondaires, sont données. Chaque cas majeur et chaque cas mineur est divisé en deux catégories : bon et mauvais, positif et négatif. Au final, on calcule combien d'énergies positives et combien d'énergies négatives ont été accumulées au cours d'une vie. Quelle soit l'accumulation la plus grande, c'est là que l'âme l'emporte le plus selon les qualités

Puisque tout cela ne peut pas arriver instantanément, l'âme reste dans le Distributeur pendant un certain temps. Mais pour Nous, c'est un instant, pour vous c'est quelques heures, car Nous avons des perceptions différentes du temps.

Nous vous avons déjà dit qu'il existe plusieurs Distributeurs et qu'il existe un Séparateur distinct pour chaque race. Par conséquent, devant le Distributeur, les âmes passent par un tri supplémentaire par les Niveaux du plan terrestre. Tout cela est fait par nos machines. Dans le Distributeur lui-même, ces Niveaux sont placés sur des niveaux appropriés et regroupés, ce qui permet d'obtenir un processus rapide et qualitatif de distribution des âmes en fonction de leur stade de développement.

Oui, il y a aussi des files d'attente aux Distributeurs pendant la période de collecte massive d'âmes. Mais c'est une petite fraction de ce qui arrive à une âme après la mort. Cependant, il y a beaucoup de choses auxquelles une personne doit réfléchir».

Question: - Comment se déroule actuellement la restructuration de la Terre, par quels mécanismes ?

Le Hiérarque répond:

«En reconstruisant un être humain, Nous reconstruisons ainsi la Terre dans ses énergoqualités. L'objectif principal est de changer la conscience des gens. La restructuration de la conscience affecte leur mode de vie, leurs positions de vie, leurs principes, leur vision du monde et leurs actions morales.

Une personne commence à penser différemment, et par conséquent, ses actions correspondent à sa pensée standard. Ainsi, le cerveau et les principaux mécanismes de fonctionnement d'une personne changent, car il est impliqué dans un travail intensif avec des énergies du potentiel plus élevé.

Mais, en reconstruisant les gens aux indicateurs normatifs dont Nous avons besoin, bien sûr, Nous dépensons une très grande quantité d'énergie. Mais cette énergie envoyée à l'humanité, non seulement la reconstruit, mais affecte aussi la planète.

L'énergie est intégrée dans l'enveloppe de la Terre et agit comme une bombe à retardement pour la planète. Mais ce n'est que le début. En conséquence, la Terre et l'humanité doivent reconsidérer leurs positions dans la vie, comprendre de qui elles dépendent et où elles doivent diriger leurs aspirations».

Question: - Qu'est-ce que la moralité du point de vue énergétique?

Le Hiérarque répond:

«L'énergie de la moralité est les qualités de l'âme, selon lesquelles elle peut exister sans aucune déviation dans la direction karmique, c'est-à-dire que la haute énergie de la moralité ne permettra pas aux énergies inférieures de tentations de prévaloir sur les actions humaines. La haute moralité d'une personne est associée à l'accumulation d'énergies de haute gamme dans sa matrice.

Les accumulations de la matrice déterminent le Niveau de l'individu, forment sa moralité et dictent ses actions.

Un Niveau d'existence a des règles morales-énergétiques, un autre en a d'autres. Cela permet à une âme de voir où et dans quelle direction il y a de grandes déviations : vers le karma ou vers la perfection Divine.

Il s'agit là encore une chaîne de relations : la morale est la règle; l'âme acquiert des règles pour elle-même, en fonction du Niveau de développement. Le Niveau de développement correspond aux étapes de perfection sur le plan énergétique. Le plan énergétique est une échelle vers l'Absolu. L'Absolu est une énergie intelligente, et ainsi de suite.

La moralité est la loi qui régit la production d'énergies pures pour le Cosmos.

La moralité permet d'établir des objectifs de développement ultérieur. En les comprenant, l'âme saute plusieurs étapes à la fois sur le plan des Niveaux.

Si une personne n'adhère pas à la moralité, l'âme peut s'égarer dans la vie et la connaissance, se tromper complètement dans la direction que Nous lui donnons. Pour Nous, un chemin droit est souhaitable, sans déviations sur les côtés, qui ne font qu'allonger le chemin de la perfection et contribuent à la surconsommation de Nos énergies.

Nous avons donné deux chemins: à Dieu et au Diable. Il n'y a pas de solution intermédiaire. Et une personne, en comprenant telle ou telle vérité, sent elle-même quel chemin est plus proche d'elle. Nous offrons des moyens, elle fait le choix elle-même».

Question: - Combien de temps durera notre système solaire?

Le principal Déterminant de la Terre répond:

«Le siècle à venir est l'âge du Soleil d'or, car le rayonnement solaire sur la Terre augmentera plusieurs fois. Mais les cycles de vie du Soleil ont tourné vers la fin du cycle de développement. Le Soleil se retire de l'horizon des événements célestes, il commence à réduire son programme et commence à décliner dans les processus de vie. La diminution sera importante, mais pas immédiate.

Le programme d'achèvement de ses cycles de vie est en cours. La compression de l'Etoile se produira dans deux cent mille ans de calcul du temps terrestre.

Un trou noir se formera à la place du Soleil comprimé, qui aspirera en lui tout l'espace proche. Mais ce sera une transition vers un autre plan d'existence de tout votre système Solaire. Et à la fin pour tout ce qui est dit à ce sujet, le programme de votre système matériel prendra fin, mais il passera à une étape supérieure, dans une autre forme d'existence».

- - -

Passons maintenant aux déclarations de Dieu de la période ultérieure, où Il exprime Sa pensée dans un langage complexe. Dans de petits messages à une personne, Il essaie de lui transmettre la lumière des vérités Divines et d'élever son Esprit au niveau de compréhension approprié.

«Ce que Je dis aura un caractère positif contre la tactique des préjugés et des jugements sur l'insensé et l'invisible, sur l'immatériel et le parallèle, sur le constructif et le désordonné, sur l'exprimé de deux façons dans cette vision du monde subjective réaliste.

On parle de beaucoup de choses. Pourtant, seulement quelques-uns comprendront la vérité de ce qui est dit.

La médisance est inacceptable contre ce qui est écrit. De telles substances de l'Esprit seront détruites par leur propre configurabilité de ce qui est dit dans l'ordre réciproque et inverse, c'est-à-dire, karmique.

L'Esprit est potentiel et a la tendance à se changer.

L'imperfection de l'Esprit n'est comparable qu'à la stimulation figurative donnée à une partie de la Nature.

Le changement consiste dans la croissance du potentiel grâce à l'accumulation des formes des conceptions subjectives successives spécifiques, exprimées dans une telle ou telle construction de **l'énergoplan***.

Une caractéristique comparative d'une expression réaliste est imprimée dans une seule version figurative de l'Esprit et a la faculté de se préserver.

La réalité subjective contenue de cette manière est capable de capturer la partialité formelle des concepts concrets à partir des cycles épisodiques, et par conséquent, l'ensemble des composantes qualitativement constructives du potentiel de l'Esprit.

Le concret en volume a la possibilité de concentrer les caractéristiques qualitatives des énergies comparatives. Ainsi, seul le caractère imagé ne nie pas le concept complet de la position naturelle de l'Esprit dans la matière et des substances physiques de l'emplacement de **polyniveau*** contenues dans la matière.

Les substances unissent les qualités de l'Esprit Unique sous le contrôle duquel il y a tout le Système organisationnel.

Par la suite, on donnera une conception détaillée d'organes individuels dans l'organisme ou dans le système organisationnel isolé et dans la spécification générale comparable par rapport au Cosmos externe et interne».

«Le continuum temporel remplace l'information fictive donnée dans une telle ou telle configuration complète.

Il en résulte que le continuum temporel gère des masses des tendances positives systématiques présentées ci-dessous qui ont, à leur tour, une très large gamme de visions du monde, ce qui donne la possibilité de se perfectionner dans le Système Mondial des conceptions générales du développement complet aux formulations constructives planétaires ainsi qu'aux constructions du plan inférieur, appartenant aux concepts universellement admis sur le coefficient du perfectionnement de l'Esprit.

L'explication suivante comparera les faits du développement universellement admis et les conséquences qui s'écartent de la planification globale dans l'échelle mondiale du développement des centres pan-régionaux de type universel.

Le coefficient de la vision du monde, étudié à cette étape du développement humain, est égal à cinq pourcent de l'échelle universellement admise à cent divisions.

Cela suggère une petite fraction de ce dont l'homme possède sur les connaissances de la conception mondiale de l'Univers ainsi que des éléments structurels parallèles y adjacents, et de plus des Unités structurelles appartenant au plan de l'existence post-mortem des images physiques.

Cette petite fraction est donnée contre le système à cent pour cent de la mesure des connaissances (grossièrement parlant). En fait, les connaissances ne sont pas commensurables ni illimitées. Dans l'illimité, rien n'a sa fin. Quoi qu'il en soit, tout se développe infiniment dans deux directions: négative et positive. Le contrôle de cela n'appartient qu'à l'Essence se développant sur le Plan de l'Esprit.

La dégradation de l'Essence n'est pas un déclin, mais une transition vers une autre voie de développement, choisie par elle-même.

Ici, le contrôle des âmes est impossible. C'est cette chose de nouveau que Nous révélons à l'homme à cette étape du perfectionnement.

C'est le seul défaut (*absence de contrôle*) dans le perfectionnement spirituel, plutôt, ce n'est pas un défaut, mais la façon de contrôler la balance des âmes positives et négatives. La balance est nécessaire et donc respectée.

Je voudrais rappeler que, en dépit de la transmission potentielle des **psychimages***, il faut prévoir les conséquences de telle ou telle image psychocontenu constatée par des raisons séquentielles des constructions de la transmission impulsionnelle appartenant au concret des actions générées par l'Essence à cette étape du perfectionnement.

Le surveillant sur l'exactitude de la formation figurative de la pensée est le contrôle sur les bases informationnelles, qui sont de nouveau réglées par l'Essence elle-même.

Les bases sont communes pour les appartenances de Niveau. La prépondérance entraîne la division de la base. Elles sont conçues pour une certaine limite de conservation des psychimages. Ainsi, la division de la base la libère de son excès.

La nouvelle base qui en résulte appartient à la même conception constructive que celle précédente, strictement calculée pour le même groupe spécifique des psychimages composées du même type du plan de Niveau.

La connexion impulsionnelle offre la possibilité d'un développement progressif de la configurabilité des conceptions planifiées représentant des formations spécifiques dans les connexions personnelles de l'appareil-cérébral.

Les systèmes opérant sur cette conception doivent exécuter le travail de l'ordre Supérieur lié à la distribution des bases des psychimages dans l'espace cosmique par rapport à la position polaire de telle ou telle partie de l'espace. Les distributions disponibles aident à entrer dans l'espace, car le pouvoir de la pensée est la clé pour s'y déplacer».

- - -

«Les âmes qui cherchent découvriront le sens de ce qui a été dit. Qu'elles y soient guidées par leur coeur!

Dans l'état obtenu de la stimulation de l'organisme et des structures de champ, la protection bioénergétique est renforcée, dont la dépense énergétique est prise de l'état de stockage des complexes énergétiques. Une place particulière y appartient à l'état de l'ionisation accrue de l'organisme entier et en particulier des couches de l'homme.

Une manifestation formelle de cela provient de la raison des positions réciproques conjoncturelles obtenues, qui déterminent l'état de la biostimulation pour un certain continuum de temps, ce qui permet l'adaptation de l'organisme aux conditions terrestres, complique les cycles de vie, ainsi que le développement des possibilités potentielles en général.

Cela indique une structure de champ qui est liée à la réalité des situations spécifiques et à l'intégrité des interactions par rapport au potentiel intégral entier de l'égrégore.

Dans ce cas, la gradation obtenue adapte entièrement la structure humaine et la lie en un tout, sans aucune déviation de divers biorythmes potentiels.

La structure intégrale unie de l'organisme permet finalement de marquer pleinement l'activité vitale dans l'union de tous les corps. La construction ainsi obtenue complètera la Terre et le principe entier cosmique du développement en un seul système auto-développant, qui à son tour, ressemble à un organe unique de l'indivisibilité humaine.

D'ici viennent les conclusions:

1. L'indivisibilité est un signe potentiel de l'intégritunité qui existe et qui agit dans un seul organisme cosmique indivisible, ainsi que dans toute petite fraction ou particule du même volume.

2. C'est la Loi de la conservation et de la transition. L'unité n'est pas possible sans l'indivisibilité.

La disposition globale de la connexion existante a quelque chose pareille à l'organisme généraliholistique commun qui se développe selon les lois de l'organisme mineur identique qui y est contenu, et ainsi de suite en profondeur, à l'extérieur.

Les lois sont les mêmes pour tous».

«Dans le large spectre des fondements mondiaux des nouvelles tendances, on voit prévaloir la compréhension de l'Absolu en tant que l'élément unifiant et unique de tout l'existant. Mais ce n'est pas comme ça.

Le début de tout l'existant provient de l'unité de tout dans sa Nature en un seul établissement du segment de temps pour cette norme de la matière, dans une certaine proportion quantitative par rapport à la construction atomique générée par le système **énergopotentiel*** spécial des relations cardinales avec sa dépendance du monde spirituel.

La connexion de l'atome avec la molécule est désignée comme la relation d'un seul monde intégral envers celui pareil, mais à un système relativement différent de la construction des images graphiques et avec des connexions spatiotemporelles.

Cela oblige à mettre le point de contact avec les tangents les plus élevés de ces mondes sous la forme légère des connexions de contact déentiques.

Ainsi, il y a un échange d'unités structurelles de l'**énergochamp** et une stimulation par cette transition dans le point de contact d'une seule connexion de champ de contact entre les deux mondes.

Dans ce peu, il y a une grande importance pour la compréhension de vos nombreuses questions sur la structure et la transition d'un monde vers un autre, reliés entre eux par certaine relativité et la dualité des valeurs présentées dans l'unité des volumes, obtenus avec le contact entre eux.

On y parle de l'unité et de l'union.

Les mondes sont placés dans l'ordre relatif entre les parties composantes d'un tout, mais chacun d'eux représentent également une intégrité.

C'est de l'approche que Je parle.

C'est de l'existence et de la transfiguration reçue après la transition que Je parle.

C'est des facettes de l'homme dans le monde et celles du monde que Je parle.

Ce qui sera dit dans la perfection, sera donné dans l'image parfaite.

La réalité ainsi comprise a un double-sens. C'est la vie et la transition, c'est-à-dire, le changement des couches contre celles plus parfaites».

- - -

L'appel de Dieu aux représentants de la sixième race.

«Mes paroles de la modification d'impulsion seront adressées à la classe Supérieure de la sixième race – la classe Supérieure selon la conception spirituelle d'autodéveloppement.

Pour vos âmes, on a préparé le temps et l'endroit pour l'avancement rapide sur le plan spirituel et matériel simultanément. Notamment, en combinant les deux, on recevra une construction unique intégrale de la dernière modification.

Votre but est de réunir et de développer le réseau d'initiatives des réalisations de l'Esprit dans la matière. Ce sera beaucoup pour beaucoup.

Les particules de Mon élément Supérieur interpréteront la Foi, les Connaissances, les pulsions vers le But unique, qui comprend une promotion de masse sur les marches de la Hiérarchie.

Le caractère de masse exprime l'action simultanée de plusieurs, un seul pas pour faire un élan dans sa progression du plan spirituel ainsi que celui matériel. L'incompétence dans cette question doit se transformer en volonté de voir et de connaître.

Une grande volonté donne lieu à une tendance d'accélération des facteurs du perfectionnement, dont les événements extérieurs montrent les superpuissances et les supernormes, surcompilées à présent dans l'organisme humain.

En général, la naissance de l'humanité de la sixième race est une condition préalable du développement final de l'état Divin de l'homme, qui donnera son résultat final après la septième phase finale du perfectionnement de l'homme.

Après cela, il y aura un élan considérable vers les concepts et la connaissance des actions de systèmo-code de cause à effet qui complètent la transformation et les transitions dans l'espace d'un monde à un autre, et ainsi de suite à l'infinité.

La valeur humaine de code sera épuisée dans son sens sémantique, comme l'appareil-cérébral n'est pas conçu pour la réception infinie de l'information sur la formation de l'espace et boucle le développement du monde spirituel par son objectivisme final.

De grandes tâches attendent les personnalités à haut potentiel de la race d'or de l'humanité, et on ne leur demande que l'application des efforts maximum afin de réaliser nos buts communs».

Je laisse ces textes sans commentaire. Que chaque lecteur les comprenne selon le degré d'assimilation des nouveaux concepts.

Chapitre 5
L'accélération du développement spirituel humain

Une personne nous a demandé: - «Pourquoi Dieu vous a-t-il confié ses Lois, et disons, pas à moi? Quelle est la différence entre vous et moi?»

A cela, je lui ai répondu: - «Vous ne pensez qu'à vous-même mais nous ne pensons qu'aux autres. C'est la seule différence».

En réfléchissant aux questions du développement humain et en imaginant un escalier infini de l'ascension de l'âme vers Dieu j'ai vu avec regret le temps qu'une personne doit passer dans la connaissance pour atteindre le sommet de la Hiérarchie de Dieu. Ce sont des milliards et des milliards d'années à notre avis, une époque difficile à imaginer pour l'homme.

Mais même en étant sur le plan terrestre, il doit passer par cent Niveaux de développement, et cela prend des milliers d'années.

D'innombrables incarnation et réincarnations représentent des vies fastidieuses et courtes par rapport à l'éternité de la vie.

Mais quand une personne deviendra-t-elle digne au moins du premier Niveau de la Hiérarchie Divine, quand l'éternité s'ouvrira devant elle, et qu'elle cessera de mourir et de ressusciter des milliers de fois ? Et je me suis demandé comment accélérer l'ascension de l'âme humaine, comment réduire les tourments de l'âme sur la Terre ?

On peut, bien sûr, utiliser la voie du Diable: faire des programmes rigides sans liberté de choix, parce que le ralentissement du développement vient de là, de l'octroi de la liberté de choix. L'homme est sans cesse confus entre ce qui est nécessaire et ce qu'il veut; l'infini va au mauvais endroit, et il est renvoyé à un point de départ à travers le système de réincarnation et du karma.

L'âme, tombée entre les mains du Diable, acquiert les qualités qu'Il juge nécessaires pour elle. Que l'individu le veuille ou non, il fait exactement ce qui est écrit dans son programme et ce que le Diable lui commande de faire.

L'ensemble des qualités se présente de la manière suivante: ils examinent quelles énergies de la matrice ont déjà été mises en place et quelles énergies sont nécessaires à mettre en place, pour élever l'âme au Niveau suivant. Ensuite, ils sélectionnent les situations qui contribuent à la génération d'énergies du type requis par l'âme au cours de leur élaboration. L'individu ne peut pas éviter une situation difficile. Dieu donne une telle opportunité à ses âmes.

Bien sûr, Dieu aurait pu utiliser le système du développement accéléré du Diable. Mais Il l'a rejetée pour une raison quelconque, la jugeant inacceptable pour Lui-même. J'ai donc décidé de lui demander:

- Pourquoi ne Voulez-vous pas retirer la liberté de choix du développement des âmes pour accélérer leur progrès, comme l'a fait le Hiérarque négatif?

- La liberté de choix est la principale chose qui distingue le développement des âmes dans Mon système du système de la Hiérarchie négative. J'ai besoin des créateurs conscients et des disciples aimants. Je ne dirai pas grand-chose. Vous savez très bien ce que donne la liberté de choix. Il est un diviseur des âmes sur le plan terrestre. En choisissant, l'âme vient finalement à Moi, soit au Diable.

- Mais comment peut-on accélérer le développement humain par d'autres moyens ? - J'ai demandé. – Des réincarnations sans fin – ça prend tellement de temps ! Mais beaucoup de gens accepteraient d'accélérer leur développement et même de suivre des programmes rigides.

- C'est une bonne question. Mais J'ai une proposition: essayez d'y répondre vous-même. Quelles sont vos remarques sur l'amélioration de Notre travail sur la Terre ? Pouvez-vous Nous faire des suggestions pour améliorer Notre travail auprès de la population ? Nous voyons votre vie d'en Haut, de nos plus hautes positions; vous la voyez d'en bas. Vous êtes au cœur de la vie et vous avez un point de vue personnel sur tout. Il sera intéressant pour Nous de connaître votre point de vue. Que ce soit votre prochain examen.

Et nous avons commencé à réfléchir à la question: comment améliorer la vie de l'homme, mais comment accélérer son développement, afin qu'il puisse le plus tôt possible passer dans la Hiérarchie de Dieu, devenir digne de son premier Niveau.

Dieu ne s'intéresse pas au bien-être matériel de l'homme, à sa vie tranquille et heureuse. C'est exactement ce qui corrompt l'âme, ce qui ralentit constamment sa progression pour des centaines et des milliers d'années. Mais l'être humain ne veut pas comprendre cela. Il a l'illusion bien ancrée que Dieu veut les rendre heureux et, pour cela, il essaie de créer un paradis sur terre, qu'ils sont oisifs, débauchés, dégradés, parce que l'homme, ayant un niveau de conscience bas, ne peut pas se forcer à travailler pour le bien et améliorer l'âme. Il ne le fait que sous la menace de son bien-être ou pour certaines perspectives, encore une fois, pour une vie meilleure.

Dès que le niveau matériel d'une telle personne s'améliore, elle plonge immédiatement dans les plaisirs: elle mange beaucoup, boit beaucoup, regarde des spectacles, voyage, passe son temps libre dans des occupations oisives.

Dieu n'a pas besoin du corps humain, Il a besoin de l'âme parfaite de l'homme, et par conséquent, Il ne permettra pas qu'il soit dégradé par des bénédictions. Le Hiérarque du Système négatif arrose l'homme d'une pluie de bienfaits excessifs pour confondre l'âme, la faire régresser, pour qu'elle aille enfin vers Lui. Seuls quelques-uns peuvent se débarrasser correctement de leurs biens, en les utilisant pour le bien-être de l'âme et non pour les plaisirs.

Mais il y a quelques nuances dans chaque entreprise. Il y a toujours une certaine limite, par laquelle la transition vers tel ou tel côté ralentit le développement. Dans la pauvreté, une âme basse se perfectionne. Mais si une âme moyenne ou élevée est placée dans la pauvreté, elle ralentit aussi sa perfection, car la progression des différents Niveaux nécessite certains moyens d'investissement.

Par exemple, pour que l'homme puisse se développer intellectuellement, il faut lui apprendre à penser dans la direction de son choix, grâce à une formation dans un institut. Il faut apprendre à un concepteur d'avion à maîtriser les opérations numériques, le dessin, un certain type de pensée. Et lorsqu'il crée un nouvel avion dans la conception, il a besoin de moyens supplémentaires pour mettre ce modèle en pratique.

Pour enseigner, nous devons construire des établissements d'enseignement, former des enseignants, construire des installations de production et donner vie à des projets. Tout demande beaucoup d'argent, et c'est seulement pour cela que la couche d'intellectuels, c'est-à-dire un certain Niveau terrestre, existe et se développe. Et plus l'âme s'élève au fil des étapes de l'évolution, plus elle a besoin de fonds pour elle-même. Par conséquent, il existe une corrélation naturelle entre le Niveau de développement et le degré de fourniture. Ces avantages, qui faciliteront le développement d'un Niveau, serviront de frein pour l'autre Niveau, se transformant en excès.

Ainsi, il y a deux extrêmes qui entravent le progrès de l'âme, il faut le préciser, dans un sens positif: les excès de moyens et leur manque. Et cela, bien sûr, est décidé individuellement pour chaque âme.

Mais une tâche concrète nous a été confiée : révéler dans la vie qui nous entoure ces nuances du mode d'existence, grâce auxquelles on peut accélérer la progression humaine. C'est pourquoi j'ai commencé à analyser la vie moderne non pas du point de vue humain mais du point de vue des nouvelles connaissances que les Supérieurs nous ont données.

Tout ce qui me déplaisait dans la vie de la société moderne et qui, à mon avis, était un frein à la perfection de l'âme, je l'ai inclus dans la liste des suggestions.

Après avoir préparé une longue liste, je l'ai donné à mon mari Alexander Ivanovich, pour qu'il la lise, et il a fait ses ajouts aussi. Lors d'une autre session de communication, nous avons parlé de l'accélération du développement humain sur le plan terrestre.

- «Lors du dernier contact, nous avons parlé de l'accélération du progrès humain, ai-je commencé. - Nous n'avons rien trouvé de nouveau, mais certains points peuvent être utilisés pour ajuster l'organisation de la vie et de l'éducation des êtres humains. Nous allons Vous le lire maintenant.

- Oui, s'il vous plaît. - a accordé I* (Nom cosmique de Dieu).

- Nous proposons d'améliorer la construction de l'être humain de haut Niveau de développement. L'homme spirituel, disons, doit manger une fois par jour en introduisant de nouvelles fonctions dans le biomatériau. On passe trop de temps à manger. Il faut d'abord gagner de l'argent pour cela, puis acheter de la nourriture, puis les soumettre à un traitement thermique. Certaines femmes ne s'occupent que de la préparation des petits déjeuners, déjeuners, dîners. La journée entière est consacrée à cette tâche. Une femme peu développée peut y trouver satisfaction et acquérir des compétences pratiques, mais pour une personne de Niveau moyen, cela n'est pas acceptable, parce que son âme éclate pour s'engager dans un travail intellectuel ou créatif, et en raison d'une telle organisation des relations familiales, elle ne peut pas le faire. C'est-à-dire qu'elle sacrifie sa propre progression à son devoir envers sa famille. Il serait bon de réduire le temps de sommeil des personnes qui se consacrent à un travail intellectuel et créatif. Ils veulent faire beaucoup de choses pendant la journée, mais le besoin de sommeil les empêche de réaliser leurs projets.

- Le sommeil peut être réduit à trois ou quatre heures par jour, mais cela ne doit pas se faire au détriment de la santé - a ajouté mon mari.

- Et toutes ces réductions sont nécessaires pour libérer plus de temps pour l'activité intellectuelle et créative - ai-je souligné.

- De tels changements dans le comportement humain nécessiteraient, tout d'abord, d'introduire des corrections dans de nombreuses structures du corps humain - a confirmé I*... - Pour pourvoir manger une fois par jour et dormir quatre heures par jour, de nombreux processus doivent changer, le fonctionnement des corps subtils doit se compliquer. Mais tout est possible, bien sûr. Nous avons une telle pratique unique.

- Pour les personnes très développées, il serait bon d'ajuster la structure elle-même, car il arrive souvent qu'une personne ait le désir de progresser, mais que ses capacités physiques ne le lui permettent pas, a confirmé Alexandre Ivanovitch.

- Tout est clair, - a répondu I*

- Il est possible d'établir un lien plus étroit entre la durée de vie de l'homme et sa perfection, c'est-à-dire d'établir un tel lien dans son programme, - j'ai suggéré et expliqué : - Il y a des gens qui vivent longtemps et, à notre avis, totalement inutiles. Il est possible d'éloigner ces personnes. Mais il y a des gens qui peuvent être améliorés...

- Comment les sortir ? En général ? Décoder ? - I* ne m'a pas laissé finir.

- Non, pas décoder, juste interrompre le programme et le remplacer par un nouveau, qui permet de continuer à progresser davantage.

- Donc, vous dites donc que nous devons le modifier ? - Il me l'a redemandé.

- Oui - j'ai confirmé. - Parce qu'on voit que beaucoup de personnes âgées vivent très longtemps, jusqu'à quatre-vingts, quatre-vingt-dix ans, mais leur vie est complètement vide. Elle n'est remplie de rien. Il est vrai que nous nous souvenons qu'à un moment donné, on disait que l'âme se perfectionne grâce à la souffrance de la vieillesse. Mais, comme nous le voyons, beaucoup des personnes âgées vivent dans la satisfaction d'elles-mêmes, elles profitent simplement de leur inactivité. Une telle âme ne progresse pas du tout. Elle ne cherche rien, n'étudie rien, elle jouit simplement de la paix. Mais il y a aussi ces personnes âgées, qui travaillent intellectuellement, qui ont des occupations favorites dans l'art. Nous comprenons que même écrire un mémoire est de la créativité, c'est le travail de l'intellect pour analyser la vie vécue. Les gens n'ont pas besoin de mémoires mais l'âme elle-même. L'âme continue de s'améliorer grâce à eux. Et quand une personne aussi âgée meurt sans avoir terminé son travail, cela nous semble injuste. Cela signifie que pour ceux qui s'améliorent, la vie doit être prolongée, et pour ceux qui s'arrêtent en cours de développement, la vie doit être raccourcie. Que la longue vie devienne un encouragement pour l'homme dans son effort, sans cesser le travail de l'âme.

- Je vois – a-Il répondu indéfiniment.

- Et au contraire, il y a des cas où la vie d'une personne créative est écourtée très tôt. Elle meurt jeune. Nous ne pensons pas non plus que ce soit juste. Il devrait avoir la possibilité d'évoluer dans son domaine au plus haut niveau de professionnalisme possible - a ajouté Alexander Ivanovich.

- Oui, et aussi sur les vies courtes – ai-je dit - Certaines personnes vivent onze, vingt ans et meurent ensuite. Bien que nous sachions déjà qu'elle est liée aux dettes d'énergie, des vies aussi courtes sont-elles suffisamment économiques ? Après tout, la naissance d'une personne est une grande dépense d'énergie, puis vient l'enfance et l'adolescence inefficaces, et enfin la mort immédiate.

J'ai toujours réagi très douloureusement à la mort précoce de personnes, même absolument inconnues pour moi, même si j'ai dû assister à la mort d'enfants et de jeunes que je connaissais bien. Mon âme, comme l'âme de toute personne normale, a protesté contre cela. Mais ayant appris la raison cosmique des décès précoces (on leur donne une courte vie spécialement pour le remboursement des énergodettes passées), j'ai décidé de trouver un moyen de prolonger leur existence après le remboursement des dettes. Et pour cela, j'ai créé une base économique.

- Nous suggérons qu'une fois, une personne a remboursé ses dettes dans la qualité requise, elle devrait être transférée vers un autre programme de développement. De cette façon, on économisera au moins les énergies consacrées à la naissance, à la formation du corps de l'enfant. Il y aura également des économies sur les jeunes, car une personne aura déjà reçu une certaine éducation et elle pourra l'utiliser pour résoudre de nouveaux problèmes. Là, chez Vous, il sera déjà possible de décider à quel programme il vaut mieux le transférer.

- Donc, bon - a approuvé I*

- Il nous semble qu'un tel programme serait plus économique - ai-je poursuivi. - Et encore une chose : ne serait-il pas possible d'accroître l'efficacité opérationnelle du Déterminant dans le domaine du traitement humain, c'est-à-dire de lui donner davantage de possibilités de pousser son disciple vers son objectif et de modifier son programme afin d'accélérer son perfectionnement ? Il est nécessaire de permettre au Déterminant de manipuler davantage une personne dans les situations de la vie. Il arrive souvent...

- Arrêtez - Dieu m'a arrêtée. - Suggérez-vous que le Déterminant devrait agir à sa propre discrétion ? (*note de traduction : Discernement ; pouvoir de décider (discrétionnaire))*

- Oui, parce que parfois une personne veut faire quelque chose d'utile, mais en raison de son immaturité et de son manque d'expérience, elle ne peut pas encore décider ce qui est le mieux pour elle. Et à ce moment-là, le Déterminant doit le pousser directement dans la bonne direction.

- Je ne pense pas que ce soit nécessaire - a dit I* - L'être humain doit chercher et trouver les choses par lui-même.

- Il nous semble alors qu'il est nécessaire d'augmenter le nombre d'activités pour les individus créatifs.

- Sur la Terre?

- Oui, au moins sur la Terre pour l'instant, et ensuite dans la Hiérarchie.

- Le domaine de leur activité n'est-il pas suffisant pour les gens ?

- Oui, le choix d'activités est toujours limité. Parfois, l'homme aimerait faire quelque chose de nouveau, en plus de ce qu'il a déjà maîtrisé, mais il a l'impression que pour une raison quelconque, il ne peut pas le faire. De toute évidence, c'est parce que ce n'est pas dans son programme. On pourrait donc inventer autre chose pour les âmes moyennes et élevées.

- Pensez-vous qu'une personne devrait être engagée dans une autre activité créative ?

- Oui. Il est nécessaire qu'il y ait plus de variantes de choix dans le programme. Par exemple, une merveilleuse tendance est en train d'être introduite, de sorte qu'une personne créative peut maîtriser plusieurs types de créativité. À notre avis, c'est une bonne chose. Mais cela devrait toucher un plus grand nombre de personnes.

- Oui, oui, je suis d'accord.

- Cela pourrait être étendu - ai-je poursuivi. - Et maintenant, l'étape suivante. Il nous semble que nous pourrions réduire de trente à dix pour cent la liberté de choix dans les situations d'action pour les faibles personnalités. Les placer dans un cadre plus strict. Cela les disciplinerait mieux. Comme nous le constatons, à l'heure actuelle, les individus de faible niveau utilisent la liberté qui leur est donnée pour se dégrader complètement. Et lorsqu'ils sont soumis à des conditions strictes, ils se développent bien et acquièrent certaines qualités positives.

J'ai fait cette suggestion sur la base de quelques observations.

Ainsi, un jeune homme que je connaissais, s'est magnifiquement illustré dans l'armée. Il a écrit de bonnes et gentilles lettres à sa mère. Il réfléchissait, analysait la vie et semblait être une personne décente. Mais quand il est revenu de l'armée, il a plongé dans la vie libre, l'alcool et la fête ont commencé, il n'y avait aucune trace de mon ancienne conscience.

Il est devenu stupide et endurci dans l'âme. Il s'est rapidement dégradé. Il est allé en prison. Là, dans des conditions difficiles, il réfléchit à nouveau à la vie, il se repent, et ses lettres à sa mère montrent une fois de plus des éclairs d'intelligence. Il y a eu une amnistie, il a été libéré plus tôt. Et c'était reparti. Il ne savait pas comment utiliser la liberté pour le progrès de l'âme.

Un autre jeune homme qui avait été plusieurs fois en prison, a avoué à sa mère qu'en liberté, il ne savait pas comment vivre ni quoi faire, mais qu'en prison, il y avait de l'ordre, selon lui, et qu'ils étaient guidés dans la bonne direction. Leur vie est clairement planifiée et prédéterminée.

Il est naturel que ce soient des âmes très jeunes sur le plan de l'évolution, et elles exigent de la société, une grande attention à leur égard. La société doit les guider, les discipliner, les occuper par un travail créatif, le sport, tout travail utile. Le manque de travail avec eux les amène dans un Système négatif.

À ma suggestion, I* a clarifié:

- Suggérez-vous de réduire la liberté de choix, c'est-à-dire de diminuer le nombre de choix dans leur programme ?

- Oui, ai-je confirmé.

- Je vois. Suivant.

- Si l'individu s'écarte considérablement du programme donné et si la correction est impossible, il faut l'interrompre afin que l'individu n'ait pas le temps de dégénérer fortement. Il doit être plus rentable d'éviter de régresser dans le temps que de les donner au Système négatif en pleine dégradation. Et la proposition suivante : en réduisant le temps consacré à certaines opérations domestiques, il pourrait être possible de réserver à une personne du temps pour la créativité, c'est-à-dire pour le développement de l'âme des énergies positives. Certaines personnes n'ont pas assez de temps libre pour le développement spirituel, alors qu'au détriment de la vie quotidienne, il est possible de se donner un peu de temps. Par exemple, les femmes ont beaucoup de temps pour servir leur famille.

- Le fait est que Nous avons déjà résolu ce problème et, dans certains pays, les appareils électroménagers ont libéré les femmes d'une charge de travail domestique excessive. Mais dans votre pays, cette question ne peut pas encore être réalisée. Mais avec le temps, ce sera comme en Amérique. Il y aura des produits semi-finis dans les magasins et tout deviendra normal.

- C'est exactement ce que nous voulions proposer : une utilisation accrue des aliments prêts à l'emploi.

- Ce sera nécessaire.

- Dans la vie de tous les jours, il serait bon d'améliorer ces procédés : ne pas laver la vaisselle, utiliser des produits jetables. Les femmes au foyer ne doivent pas faire la lessive. Au détriment de ces opérations, il est également possible de réserver du temps pour la créativité.

- Faut-il remplacer le travail personnel par des machines?

- Oui, mais d'un autre côté, nous avons remarqué que la technique demande beaucoup de temps pour son entretien.

- Nous vous avons bien compris du point de vue domestique : les personnes non spirituelles ne devraient pas avoir de technique auxiliaire ; il vaut mieux qu'elles fassent toutes elles-mêmes à des fins éducatives.

- Oui, oui – j'ai confirmé. - Cela les aide à acquérir des compétences professionnelles, le sens du devoir envers la famille. L'occupation de son temps libre par le travail domestique ne permet pas de l'utiliser à des fins de dégradation. Et ceux qui s'efforcent de se développer spirituellement, devraient avoir plus de techniques pour libérer du temps pour se développer librement. Les activités domestiques sont réduites et le temps libre pour le développement est augmenté.

- Ce dont vous parlez implique également un meilleur soutien matériel pour la catégorie spirituelle des personnes, - fit remarquer I*

- Oui - j'ai accepté. - Ceux qui veulent perfectionner leur âme, doivent pouvoir poursuivre leurs aspirations. Certains jeunes, par exemple, veulent étudier, mais ils n'ont pas les moyens de le faire. Lorsqu'il existe des désirs progressistes, il faut aussi avoir les moyens de les réaliser. Et c'est précisément là que nous pouvons donner au Déterminant une grande liberté.

- Je vois. Suivant.

- En général, le travail physique intense ternit à l'homme sot et toutes les pensées disparaissent de sa tête. Nous avons essayé cela sur nous-mêmes.

- Oui, c'est exact.

- Par conséquent, il est possible, comme cela se faisait auparavant, de diviser la société en plusieurs couches, mais en apportant des corrections à l'époque actuelle et au niveau de développement actuel. Ceux qui ne sont pas capables de penser, ils sont engagés dans le travail physique, la classe moyenne - dans le travail créatif, organisationnel, administratif, en maîtrisant une activité de réflexion encore plus élevée. De nos jours, de nombreux intellectuels, par exemple, sont contraints par la nécessité de s'engager dans un travail et une activité physique qui ne sont pas propres à leur caractère. Bien sûr, je comprends que cela est lié à la période de transition, mais cela vaut la peine d'y réfléchir à l'avenir. C'est-à-dire qu'il faut distinguer le travail sur les Niveaux de développement de la personne.

- Et d'après cela, nous devrions payer pour cela ?

- Oui. Mais tout cela doit être décidé par les Dirigeants et les Fondateurs de la personne dans Vos Sphères (domaines d'activité). Ils savent quelle âme appartient à quel Niveau de développement et ce qui doit lui être prédéterminé. Si l'on donne cette question aux gens pour qu'ils la résolvent, ils vont élever les plus bas dans le respect matériel, et ils vont abaisser les plus hauts, parce que les gens n'apprécient pas ces qualités chez l'homme, que Vous appréciez. Les gens ne sont pas encore capables de comprendre leur Niveau de développement avec le degré de compréhension approprié.

- Pensez-vous qu'une personne hautement spirituelle devrait être matériellement aisée?

- Oui. À notre avis, cela devrait stimuler le développement de chacun. Il ne doit pas se sacrifier au nom de sa famille, en travaillant dur jour et nuit pour assurer son existence matérielle. Une personne hautement spirituelle devrait gagner au travail pendant huit heures suffisamment pour subvenir aux besoins de sa famille et avoir assez de temps pour améliorer l'âme dans la direction qu'elle souhaite. Il existe aussi une autre option : introduire des serviteurs dans les maisons des personnes de bonne volonté.

- Mais il y a un danger ici : une personne hautement spirituelle peut commencer à se dégrader. Beaucoup d'argent et beaucoup de temps libre ont un effet très corrosif sur l'âme. L'homme commencera à orienter ses efforts dans la mauvaise direction. Mais quand les conditions sont telles qu'elles sont maintenant, comme certaines personnes ont peu d'argent et pas de domestiques, elles le protègent de la dégradation. L'homme est entièrement occupé, il n'a pas le temps de se dégrader. Nous nous efforçons d'atteindre la pleine occupation de l'être humain.

- Il est nécessaire de manœuvrer dans l'éducation. Par conséquent, nous proposons, dans de tels cas, que le Déterminant puisse, d'une manière ou d'une autre, gérer rapidement la personne en fonction des situations. Ce qui est bon pour l'un est mauvais pour l'autre. Si le Déterminant régule davantage les situations, alors au bon moment, dès que la personne commence à dégénérer, il peut réduire sa liberté et sa provision matérielle, et par là même empêcher sa chute ultérieure. Parfois, il est important de ne pas séduire la personne avec quelque chose, mais de la tenir à l'écart des tentations, d'autant plus que certaines personnes le demandent. Ainsi, il est parfois important de ne pas permettre à cette personne de pécher.

- Je vois. Suivant.

- L'introduction de serviteurs dans les familles aisées engagées dans le développement spirituel contribuera, d'une part, à libérer du temps pour les individus créatifs en vue de la création et de l'activité intellectuelle ; d'autre part, elle augmentera l'emploi ; et troisièmement, elle disciplinera les Niveaux de développement inférieurs et créera un exemple à suivre.

- Bien. Suivant.

- Appareils ménagers. Nous devons penser à l'améliorer. Bien qu'elle libère beaucoup de temps libre, elle nécessite également beaucoup de temps pour son entretien.

- Je ne comprends pas, expliquez. Pourquoi faut-il beaucoup de temps pour l'entretenir ?

- Il doit être lavé, nettoyé, réparé, chargé, déchargé.

- C'est vous qui avez la mauvaise machine. Mais il existe des machines automatiques. Vous n'êtes pas encore au courant des améliorations. Tout est là. Il existe des machines entièrement automatiques qui suppriment une grande partie des opérations intermédiaires.

- Je suis désolé, nous sommes donc à la traîne.

- Qu'avez-vous d'autre ?

- Vous avez bien sûr dit que dans la future sixième race, l'enfance et la vieillesse seront nouvellement organisées, mais il faudra attendre cinq cents ans avant que la nouvelle construction humaine ne prenne effet, et ils continueront à utiliser le vieux modèle de l'homme jusque-là, donc il est encore temps de mieux utiliser la vieillesse et l'enfance pour la perfection de l'âme. Il est nécessaire de leur donner plus de possibilités de créativité, de leur envoyer des idées, de s'engager dans les arts.

- Selon vous, il y a la liberté et l'inactivité ?

- Oui.

- Je vois.

- Et il serait bon de charger les enfants avec plus de créativité, du sport, une sorte d'activité utile.

- Je vois.

- Les âmes basses ont également tendance à être créatives, donc il est possible de diviser la créativité en celle primitive pour les jeunes âmes, et plus raffinée pour les hautes âmes. Mais il faut essayer d'impliquer tout le monde dans la création dès le plus jeune âge.

- Suggérez-vous que la créativité soit divisée en différents niveaux?

- Oui. Cela faciliterait l'éducation. Il est possible de partir de la créativité, non pas des Niveaux inférieurs d'un être humain, mais même du Niveau des animaux. Comme les âmes animales passent dans la forme humaine, nous pouvons voir que leur éducation commence déjà à leur stade de développement. Certains animaux sont bien dressés et peuvent également acquérir des compétences créatives. Ils peuvent jouer sur une scène et ils peuvent facilement maîtriser des mouvements qui ne sont pas propres à leur monde animal. Par conséquent, à ce stade du développement de l'âme, nous pouvons renforcer leur formation en matière de créativité primitive.

- Oui, bien.

- Et je voudrais aussi parler spécifiquement de la construction de la femme. Ce n'est pas assez confortable : les processus liés à la procréation sont très désagréables pour les âmes élevées. Ils sont humiliants. Il serait bon d'apporter quelques améliorations dans ce sens. La procréation elle-même, nous pensons, est un processus très bas. Par conséquent, pour les âmes élevées, nous pouvons suggérer la production d'enfants dans des éprouvettes. Ils peuvent cultiver leurs enfants dans des conditions de laboratoire et observer leur développement. Cela permettrait également, d'une part, de libérer le temps d'une femme ; et, d'autre part, les gens apprendraient à mieux réguler la construction du corps physique de leur futur enfant.

- Bien. Quoi d'autre?

- Tous ceux qui le souhaitent, devraient avoir la possibilité d'apprendre.

- Et qu'en est-il de ceux qui ne veulent pas ? – Il semblait sourire.

- Ceux qui ne veulent pas s'engager dans des occupations primitives - Alexandre Ivanovitch est entré dans la conversation. - Ils peuvent simplement faire du travail physique, si c'est ce qu'ils préfèrent.

- Très bien. Compris. Un jour, il voudra de toute façon étudier, quand il sera vieux ou après cinq incarnations.

- Dès qu'il aura ce désir, nous devrions lui donner la possibilité d'apprendre tout de suite - ai-je ajouté.

- Bien. Cette question concerne également la fourniture matérielle. Je voudrais dire ceci à cet égard. Lorsque de l'argent est donné à une personne, il est nécessaire de prévoir les conséquences de ses actes. Il est nécessaire d'envisager l'avenir de la personne, comment elle peut être affectée, dans quelle direction son comportement peut changer. Cela n'a pas de sens de donner de l'argent à des paresseux, car cela augmentera leur passivité et ils ne penseront pas à la spiritualité. Il faut tenir compte du karma de la personne afin que l'argent ne l'empêche pas de travailler. Même s'ils ont de l'argent et s'ils souhaitent en donner à leurs proches, ils devraient garder à l'esprit que cela ne doit pas interférer avec leur perfection, sinon ils peuvent gagner du karma par une mauvaise gentillesse, par une mauvaise disposition de l'argent. Ils devraient donc eux-mêmes en tenir compte pour l'avenir. Et maintenant, ils pourront continuer.

- Il y a aussi une suggestion pour améliorer la mémoire d'une personne. Une mauvaise mémoire ralentit l'apprentissage de nouvelles connaissances et, par conséquent, le développement global. Mais il est nécessaire de réfléchir à cette question car une bonne mémoire peut développer le parasitisme chez l'homme.

- Pensez-vous que l'homme hautement spirituel devrait avoir une bonne mémoire?

- Oui. Mais ici, évidemment, les Déterminants doivent, en quelque sorte, manœuvrer pour guider correctement la personne: avoir une bonne mémoire à certains endroits et une mauvaise mémoire à d'autres, afin de contrôler la formation des qualités humaines.

- Quoi d'autre?

- Nous sommes également préoccupés par l'incrédulité de la personne dans Votre existence. Peu importe ce que Vous lui dites, il n'y croit pas sincèrement.

- Il y a beaucoup de non-croyants, bien sûr, mais il y a aussi beaucoup de croyants. Chacun croit à sa façon.

- Tant que l'homme ne voit pas un miracle, il ne veut pas y croire complètement. - a conclu Alexander Ivanovich. - Alors, peut-être pouvez-Vous leur montrer une "soucoupe volante" ou des extraterrestres matériels comme un miracle ? Après tout, ils arrivent sur Terre de toute façon.

- Les gens ne considéreront pas ce phénomène comme un miracle, car ils ne les associent pas à Moi, à Dieu. Les «soucoupes volantes» dans leur conscience sont liées aux activités des hautes civilisations existant sur d'autres planètes.

- Mais il peut encore servir de stimulant pour le développement - a insisté Alexander Ivanovich.

- L'homme est tel que quiconque voit, il se cache pour des raisons personnelles. Ce n'était pas nouveau non plus. De tels spectacles sont peu utiles, bien qu'ils montrent les possibilités de l'esprit. Mais il y a déjà suffisamment d'informations sur la Terre à ce sujet. Et si quelqu'un est intéressé par les "soucoupes volantes", il cherchera des informations à leur sujet et cela lui suffira. Il n'aura plus besoin de miracle", a expliqué I*…

- Mais pour un choc dans la conscience des gens, ils ont parfois besoin de rencontrer quelque chose d'inhabituel - mon mari et moi avons soutenu. - On peut penser à un miracle holographique, c'est-à-dire que la même chose se répète, par exemple, dans deux cents ans. Ils ont inventé et envoyé une sorte de signe sous la forme d'un hologramme, et deux cents ans plus tard, ils le répètent. Par de tels signes constants pour pousser la conscience d'une personne à l'idée de l'existence du plan Supérieur et des autres plans de l'être.

- Peut-être même pas un signe, mais comme option pour établir un contact matériel étroit avec les extraterrestres, - Alexander Ivanovitch a continué à développer son idée, - afin que l'homme ne se sente pas une couronne de la nature, mais qu'on voie qu'il se tient bien en dessous de beaucoup d'autres vivants et qu'il est celui qui peut vraiment diriger le monde.

- Vous voulez que les extraterrestres donnent aux gens des informations sur Moi ?

- Oui. Faites savoir à une personne que les autres dans le Cosmos vous connaissent et vous respectent. Et en général, il faut voir sa bassesse. Chacun a une grande opinion de lui-même.

- Voir son Niveau de développement inférieur... - a pensivement répété I*...

- Oui. - j'ai confirmé. - Elle sera un stimulant pour la poursuite du développement.

- Oui, Nous pouvons le faire, mais d'une manière légèrement différente : pour montrer la différence entre l'homme et les Supérieurs.

- Nous, d'en bas, nous voyons que nous avons besoin d'une poussée aussi spectaculaire. - je l'ai répété. - Actuellement, toutes les pensées des gens sont orientées vers le maximum de plaisirs. Cela leur montrera la mesquinerie et la vacuité de leurs aspirations. L'âme doit être désireuse d'explorer d'autres mondes, d'autres formes de vie, de ne pas couver avec une chope de bière ou de vin. L'homme doit voir le vide de ses actes.

- Bien. Je vois. Avez-vous d'autres suggestions?

Il savait par mon ton solennel que nous approchions de la fin de la conversation. J'ai confirmé :

- C'est tout ce que nous avons jusqu'à présent. Mais je ne pense pas que ce soit tout. Il y a plus à réfléchir.

- Vous avez d'excellentes suggestions. Ce n'est plus une compréhension terrestre du comportement humain. Vous avez bien compris beaucoup de choses. Dans ses propositions, l'être humain part de la position selon laquelle il devrait mieux vivre dans le bien et le bonheur, et vous partez de la position selon laquelle il faut faire avancer l'âme. C'est important. Je vous remercie».

Une semaine après ce contact, Alexander Ivanovitch a fait un rêve le matin, juste avant de se réveiller, évidemment pour se souvenir. Lui et moi, nous avons passé un examen à l'institut et avons obtenu deux A. Quand il nous a dit cela le matin, sa fille Larissa a immédiatement pensé que c'était le Déterminant qui nous montrait quelle note nous méritions pour notre examen spatial.

Nous avons été très heureux d'obtenir une telle note, même si nous avions déjà compris que nous n'avions pas dit grand-chose de ce que nous pouvions vraiment développer dans le sujet donné. Bien sûr, nous ne nous attendions pas à un score aussi élevé. Mais nous étions heureux de pouvoir faire quelque chose, ce qui signifie que nous allons de l'avant. Nous devons apprendre à penser, en partant, non pas des bénéfices, sur lesquels tout le monde est fou ces jours-ci, mais des bénéfices pour l'âme.

Chapitre 6
La dégradation à cause de la communication avec des Niveaux bas

Dieu dit:

«Il s'agit du plan prématuré et intercontinental qui, dans le système ascendant, entrave les Hiérarchies civilisées du statut Supérieur.

Ceci exprime la dépendance constante des Ordres de Niveau Supérieur vis-à-vis des plans inférieurs, qui détruisent leur disposition constructive par des actions provenant de l'influence des Niveaux inférieurs, imposant leurs idées et s'immisçant dans la construction des plans supérieurs.

Les personnalités s'y livrant s'exposent pleinement à la dépendance de l'établissement de relations construites, qui mènent à l'ordre de subordination de l'imminence de plans inférieurs.

La Hiérarchie ne permet pas la mise en place dans les enveloppes essentielles de tels Niveaux. La question ne porte donc que sur la durée de ces introductions, entraînant le retrait des degrés hiérarchiques d'appartenance de l'essence.

En fin de compte, la dépendance de l'être ne sera pas vaincue, car la Terre est habituée à avoir un continuum de faible qualité en elle-même, qui conduit à une dégradation supplémentaire de l'essence de la Terre.

Je ne peux pas permettre que cela se produise, et il est fort probable que le décodage de la planète soit imminent, mais pas la structure de l'essence entière, mais une structure partielle. Certains épisodes de situations de vie qui ont conduit à la dégradation seront effacés.

La mémoire de la Terre sera soumise à un recodage à ce stade de l'existence. Son développement ultérieur dépendra d'elle-même et du

Déterminant de son essence, qui la mènera plus loin vers la prochaine étape de développement.

Mais le retrait de la formation du code sera possible au stade final de son développement, c'est-à-dire qu'il ne sera possible de désactiver le programme qu'à la fin de sa vie.

La nouvelle forme de progression modifiera de manière constructive la position de dépendance dans le système hiérarchique d'attribution des plans inférieurs, qui à leur tour ne pourront plus influencer les gens parce que la Terre elle-même ne leur permettra pas d'être présents. La forme reconstruite l'aidera dans cette tâche.

Il ne leur sera possible de pénétrer dans des objets humains qu'au grand désir des êtres humains eux-mêmes qui, à ce stade, ne sont pas conscients de l'action d'un tel plan et de leur dépendance à son égard.

Mais l'élévation simultanée du niveau de conscience d'une personne l'aidera à surmonter la bassesse de ses actes possibles et à choisir ce qui est digne des Supérieurs».

Considérons plus précisément ce qui est dit ici.

Chaque plan d'existence inférieur influence le plan d'existence sur le Niveau supérieur. C'est la construction de liens entre les mondes dans un système Hiérarchique.

Bien que les Supérieurs soient toujours liés aux systèmes de contrôle, planifiant et programmant tout ce qui se trouve en-dessous, mais cela ne signifie pas qu'ils sont complètement indépendants d'eux. Il existe une interconnexion énergétique entre tous les Niveaux. Les mondes sont disposés de telle manière que les mondes Supérieurs utilisent ce que la couche sous-jacente produit pour eux.

Si nous prenons, par exemple, un Niveau moyen, il sert de producteur d'énergie pour le Niveau supérieur et de consommateur d'énergie pour le Niveau inférieur. Et donc du premier au dernier Niveau de la pyramide hiérarchique.

Mais à mesure que l'on s'élève vers ce dernier plan, l'importance du premier s'affaiblit, bien qu'il ne disparaisse pas complètement.

Considérons le plan de la Terre et le premier Niveau de la Hiérarchie comme adjacents, parce qu'ils sont plus compréhensibles pour nous dans leurs relations.

Le schéma de fonctionnement des deux plans adjacents, Supérieur et Inférieur, est le suivant. Le plan supérieur, en fonction de ses besoins et des principaux objectifs Supérieurs, planifie et programme le travail du plan inférieur.

Des programmes séparés descendent vers le plan inférieur à travers les âmes envoyées dans ce monde.

Les âmes sont des mécanismes de transformation du monde inférieur et des producteurs des énergies requises par les Supérieurs. Les âmes elles-mêmes sont également rémunérées de ce double travail sous la forme d'énergies accumulées dans la matrice, qui assurent leur croissance. En d'autres termes, la participation à un tel programme permet à l'âme d'accroître sa puissance et son potentiel.

Sur la base des programmes liés à chaque âme incarnée, le monde est transformé de l'intérieur. Mais il a aussi son propre programme de développement, qui est mondial, et tous les mini-programmes privés y sont reliés et adaptés à son objectif. Il existe une interconnexion complexe des programmes. Mais le programme mondial est plus stable par rapport aux programmes privés, et est donné pour une longue durée. Et les mini-programmes sont de courte durée. Grâce à eux, il est très pratique de corriger le programme général du Niveau.

Après que les âmes se soient incarnées avec leurs programmes afin qu'elles commencent à produire de l'énergie pour le Supérieur, une énergie d'une certaine qualité leur est envoyée, ce qui amène les âmes à travailler selon leurs programmes. Des énergies supplémentaires provenant de l'environnement commencent à être impliquées dans le travail des âmes. Le traitement complexe de cette énergie se fait par des processus technologiques destinés à ce monde.

Les nouveaux types d'énergie produits sont repris par le Niveau Supérieur. Une partie des énergies qu'il prend pour lui-même, une autre partie est envoyée vers le haut, mais avant cela il subit également un traitement spécial, qui augmente l'ordre des énergies. Les énergies de faible qualité diminuent. En traitant un spectre grossier, on obtient un spectre élevé.

Le Niveau inférieur ne peut pas fonctionner sans que l'énergie d'en Haut ne lui soit envoyée. Mais le Niveau Supérieur ne peut pas non plus se développer si le monde inférieur ne lui fournit pas d'énergie. Il devrait toujours y avoir plus d'énergie produite que d'énergie envoyée, et d'énergie consommée, c'est-à-dire qu'il y a toujours plus d'énergie qui monte que de celle qui descend. Il s'agit d'une reproduction élargie.

Un tel système d'interconnexion montre que le Niveau supérieur ne peut exister sans le Niveau inférieur. Il est basé sur lui. C'est sa dépendance au plan inférieur.

L'influence combinée de l'un sur l'autre est grande. Si le Niveau supérieur a mal calculé quelque chose, et que les choses ne vont pas bien dans le monde inférieur, cela entraîne la dégradation non seulement du plan inférieur, mais aussi du plan supérieur.

Nous nous intéressons spécifiquement au plan terrestre, alors revenons-y plus en détail. Le monde terrestre est supérieur à un certain plan qui est en existence parallèle avec le monde physique. Il y a un monde bas sur Terre, avec lequel l'humanité est connectée et où elle décharge ses basses énergies, alimentant ce monde avec les énergies qu'elle produit.

C'est-à-dire qu'en faisant passer l'énergie à travers les enveloppes et leurs couches filtrantes terrestres, on envoie l'énergie à haut spectre vers le plan supérieur, tandis que l'énergie grossière à bas spectre est déversée dans la Terre, et en particulier dans un Système spécial qui est engagé dans son traitement.

Il n'y a pas qu'une seule forme d'existence dans le monde inférieur, mais plusieurs, tout comme dans notre monde. Certaines entités du monde bas sont capables de pénétrer dans notre monde et d'influencer les personnes à faible potentiel, c'est-à-dire les jeunes âmes. Parmi les gens, il y a beaucoup d'individus qui succombent à l'influence des plans inférieurs et commettent des actes qui conduisent l'âme à la dégradation.

Demeurant dans une existence parallèle et restant invisibles pour l'homme, ces entités de bas Niveau sont capables de pénétrer dans ses structures subtiles et d'affecter son comportement et son développement. Ils sont eux-mêmes nourris de l'énergie de l'individu, et sont donc intéressés par le contact avec lui. Elles sont une sorte de parasites énergétiques.

Possédant un potentiel énergétique plus important et l'utilisant, pour ainsi dire, à des fins égoïstes, elles soumettent les personnes faibles et les commandent souvent. C'est une sorte de possession.

Les jeunes âmes, des âmes sous-développées, ont un petit potentiel, et elles ne peuvent pas se défendre contre elles.

En utilisant la loi de l'univers: le plus grand potentiel subjugue le plus petit, ces entités imposent certaines actions négatives à l'individu.

Elles ne peuvent pas changer le programme d'une personne ou lui imposer un nouveau programme, mais elles peuvent habilement tirer parti des situations du programme d'une personne. Ainsi, lorsque, selon le programme, un individu passe par une situation donnée, Elles orientent toujours ses actions vers des actions basses. C'est-à-dire qu'elles orientent habilement le choix de l'homme par la suggestion vers leurs intérêts.

En commettant les actes les plus bas, l'homme produit une énergie négative, dont elles se nourrissent. Les entités basses augmentent leur potentiel et leur pouvoir. Et l'homme se dégrade, parce qu'il choisit le bas plutôt que le haut.

Des entités, pénétrant dans les enveloppes subtiles de l'homme, se fondent ainsi avec lui, de sorte que certaines apprennent même la parole et, grâce à l'appareil vocal de l'homme, peuvent exprimer leurs pensées basses. Puis l'être humain dit des bêtises ou crie des menaces. Ces entités sont appelées petits démons par le clergé. Mais ce sont des parasites de l'énergie. Il y a de nombreux parasites sur le plan terrestre, y compris ceux qui sont liés à l'énergie.

Un individu peut les combattre. Il suffit d'avoir de la volonté et de ne pas céder aux provocations, de ne pas jurer, de ne pas dire de gros mots, de garder les pensées pures. Les actions et les pensées humaines basses alimentent ces entités de bas Niveau, et servent à leur mise en œuvre dans la construction de l'homme.

Si l'individu n'est pas capable de les gérer seul, une autre personne à fort énergopotentiel peut l'aider en lui lisant des prières. Une décharge d'énergie élevée est créée, qui les frappe comme un courant électrique. N'ayant aucun pouvoir, elles quittent l'enveloppe de l'homme.

Naturellement, de telles entités, sans s'en rendre compte, travaillent pour le Système négatif du Diable. En incitant une personne à commettre de mauvaises actions, elles peuvent conduire une personne faible à une régression complète. Cela signifie qu'une telle âme sera soit décodée, soit transférée au Diable. Par conséquent, une personne doit apprendre à résister à toutes les idées basses, pensées qui surgissent soudainement dans sa tête. Elles peuvent ne pas lui appartenir, mais à certaines entités, et c'est le plus souvent le cas.

Leur influence directe par le contact avec l'enveloppe d'un individu n'atteint que quelques couches, et ils n'opèrent que jusqu'au cinquantième Niveau de la Hiérarchie terrestre. C'est-à-dire que, dans ce cas, nous disons que ces entités ne peuvent pas aller au-delà du plan terrestre. Au-dessus, cette influence ne s'étend pas en raison de la prédominance d'une conscience et d'un énergopotentiel élevés chez les personnalités qui ne leur obéissent pas. Mais l'influence indirecte sur les Niveaux supérieurs demeure.

Ces entités ne sont pas capables de s'élever au-dessus du monde terrestre en raison de la création de mécanismes de protection spéciaux dans sa structure.

Les lois de la Hiérarchie ne permettent pas d'influencer de force la volonté d'une personne. Même les Enseignants de l'humanité n'ont pas le droit d'empiéter sur la liberté de Volonté de leurs élèves, car c'est la voie du développement humain.

Les basses essences commettent une telle infraction pour leur propre profit. Mais comme elles ne peuvent pas enfreindre complètement les lois générales du développement, elles ne sont obligées d'utiliser une telle implémentation que temporairement. Toutes les infractions sont temporaires. Cependant, grâce à l'influence de certaines entités sur d'autres, il est possible d'identifier les carences de l'individu, ses faiblesses. Mais il y a beaucoup de jeunes âmes qui aiment le sport, ont des affaires préférées et sont capables, en raison de leurs aspirations positives, de résister à la provocation des entités.

La raison de l'apparition de telles formes parasites réside dans la Terre elle-même, dans son utilisation à des fins personnelles de processus bas. Autrement dit, la planète elle-même, comme une immense âme vivante avec la liberté de choix, doit abandonner ces entités, en choisissant pour elle-même une technologie positive d'un certain nombre de processus.

Les Supérieurs ne sont pas satisfaits du " comportement " de la Terre, de beaucoup de ses processus. Ils ont donc des revendications non seulement envers l'humanité mais aussi envers la planète elle-même. En particulier, ils pensent que l'intérêt excessif de l'homme pour le bien-être matériel vient de la Terre, qui hypnotise l'homme en lui imposant des intérêts matériels plutôt que spirituels.

En s'efforçant de les atteindre, l'homme abaisse son Niveau, et produit ainsi des énergies basses, qui l'intéressent. Au lieu de donner le maximum d'énergies aux Supérieurs, l'homme en donne le maximum au plan inférieur, c'est-à-dire qu'il produit un défaut du point de vue du Cosmos.

C'est pourquoi les Enseignants Supérieurs ont sérieusement soulevé la question non seulement de l'humanité, qu'il est temps de faire évoluer son esprit et de prendre en charge le développement spirituel, mais aussi de la Terre.

La Terre est une grande âme, mais elle fait aussi des erreurs et des mécomptes. Elle entrave également le développement de l'humanité, car elles sont liées entre elles. Bien sûr, ces grandes âmes ne peuvent pas être décodées complètement même si elles sont dégradées. Mais il se produit un nettoyage partiel de sa matrice et de ses enveloppes de ces accumulations de faible qualité qui conduisent la planète d'une manière autre que celle à laquelle s'intéresse le Déterminant planétaire.

Chaque planète est également guidée par son Enseignant selon le programme qui lui a été confié par les Systèmes Supérieurs du Niveau planétaire concerné.

À l'heure actuelle, le comportement mutuel de la Terre et de l'humanité ne satisfait pas le Très-Haut, et tous deux ont besoin de reconsidérer leurs positions de vie. C'est pourquoi les Hiérarques envoient des appels à "venir à la raison" non seulement à notre cinquième race, mais aussi à la Terre. Naturellement, ces appels ne sont pas verbaux, mais sous une forme compréhensible pour elle et pour sa pensée.

Bien sûr, ce qui concerne l'âme et la pensée de la planète, les particularités de son comportement, sont perçus par l'homme comme absurdes. Ces nouveaux concepts sont trop inhabituels pour lui, mais inhabituels pour la raison qu'il n'a que cinq pour cent de son intellect qui travaille en lui, au lieu de cinquante, qu'il aurait dû maîtriser et développer en lui-même en l'an deux mille. Si nous ne comprenons pas la théorie d'un universitaire, ce n'est pas parce qu'elle est fausse, mais parce que nous n'avons pas grandi avec elle. Il en va de même pour la Terre.

Dans ce cas, nous pouvons faire la comparaison suivante. Lorsqu'une personne se dégrade, elle est complètement décodée, toutes les cellules de la matrice de l'âme sont débarrassées des énergies accumulées. Et lorsque la planète est dégradée, seul un décodage partiel a lieu, ces cellules, qui sont remplies d'accumulations indésirables pour les Supérieurs, sont nettoyées. Elles sont enlevées.

Comme les accumulations stockent la mémoire des situations et des processus par lesquels elles ont été accumulées, ainsi avec la suppression de ces énergies, la mémoire des chemins qui ont conduit la planète à la dégradation sera partiellement effacée.

Cependant, tout cela ne sera possible qu'à la fin du programme de la planète, après son arrêt. Ensuite, il y aura un changement de programmes et une reconstruction partielle de toutes les enveloppes de la planète.

Le nouveau programme éliminera la dépendance des humains aux plans inférieurs. Cela se fera également en ajoutant des structures qui ne permettront plus aux entités inférieures de pénétrer et d'influencer négativement le monde humain.

Les plans inférieurs continueront à ne concerner que les personnes qui le veulent elles-mêmes, c'est-à-dire qui sont prises dans toutes les viles tentations.

Mais la croissance graduelle du niveau de conscience de l'homme lui servira de protection contre tous les plans inférieurs. Lorsque l'individu comprendra qu'un processus particulier est bas et conduit à une dégradation ou à un Système négatif, il fera des choix dans la direction opposée. Cela lui permettra de s'élever dans le développement spirituel et de ne pas dépendre de l'influence des inférieurs, qu'ils soient sous forme d'entités humaines ou invisibles.

Et cela est très important non seulement pour l'homme lui-même, mais aussi pour les plans qui se situent au-dessus de lui et qui sont liés aux gens par certaines dépendances énergétiques.

Le retardement du développement des plans inférieurs, la prolongation des délais de leur perfectionnement, bien sûr, affecte négativement les plans supérieurs, leur causant un manque d'énergie et un certain nombre d'autres perturbations dans leur fonctionnement. Ils sont donc intéressés à accélérer le développement des niveaux inférieurs de leurs programmes, mais ils n'ont pas le droit d'interférer dans les désirs et les choix des individus. Cela constitue un frein au progrès.

Mais l'accélération ne peut résider que dans les mécanismes d'élévation de la conscience de l'homme et de sa spiritualité, dans le renforcement du travail éducatif du peuple lui-même, dans le patronage des individus supérieurs par les individus inférieurs.

L'homme doit toujours se rappeler l'essentiel : en retardant son propre développement et le développement du suivant, il retarde le développement de Dieu lui-même. C'est pourquoi chacun devrait pénétrer avec un degré de compréhension suffisant dans une telle dépendance et faire tous les efforts possibles pour éliminer le retard éventuel des individus inférieurs et accélérer la progression générale des âmes sur le plan terrestre.

L'amélioration de la communication des Supérieurs avec l'homme

Dieu dit:

« Le type de la structure des fonctions de réseau de l'unité humaine indique la prédominance dans cette nomenclature variante de certains caractères imagés parfaites du type corpusculaire qui sont un dispositif le plus constructif dans les localités situationnelles de l'espace-temps.

Les actions de cet ordre sont séquencements identiques à l'aspect de connexion de l'action verbale et visuelle. Cette prédestination relativement claire rend les fonctions de l'essence visibles dans leurs structures configurationelles, à leur tour, liées à l'imagerie d'un plan constructif.

Ce plan donne une position distinctive des liens périorbitaux et l'approche aux plus hautes caractéristiques de collapsus positives paramétriales. À son tour, le type de collapsus de cette couche construisante dépasse toutes sortes de constructions périorbitaires que Nous avons introduites à ce stade du perfectionnement du plan terrestre.

Afin d'éviter la construction à caractère de basse fréquence parabolique l'introduction est faite avec l'intégration des systèmes de sécurité du type de disque donnant la fonction de sécurité des organisations de cosmo-hiérarchie.

Il suit le décodage de l'appareil orbital à travers lequel nulle unité essentielle ne peut pénétrer.

En comprenant l'imperfection structurelle du plan terrestre, Nous supposons au nouveau cycle de développement par étapes réaliser les liens parfaits orbitaux nous guidant par des installations expérimentales de construction.

L'avenir de la terresto-formation est d'améliorer le dispositif structurel selon son dispositif en série. Cette amélioration ne serait pas en conflit avec elle-même, en d'autres termes, avec le corps de la même conception dans la version précédente du plan courant.

La construction du plan terrestre peinte par Moi est un modèle amélioré de l'avenir».

L'homme en tant que construction, en tant qu'appareil contrôlé d'en Haut, est sur le plan physique. Pour s'orienter dans ce monde et agir dans les situations prévues par le programme, pour communiquer avec d'autres personnes, il dispose d'un appareil de parole, de vision et d'audition.

Les dispositifs de perception de l'environnement sont introduits dans la construction de la forme humaine. Les plus importants d'entre eux sont les organes de la vision. Ils lisent correctement tout ce qui se trouve dans un certain rayon de perception. L'appareil auditif, le sens du toucher donnent très peu de certitudes sur le monde. Il est impossible d'imaginer le monde qui nous entoure par l'ouïe et le son.

Les organes visuels ont été construits sur la base des images qui existent dans l'environnement. C'est-à-dire qu'il était nécessaire d'introduire dans l'appareil de pensée, de telles images qui existent dans le monde extérieur. Et pour que ces images apparaissent dans le cerveau, il fallait les construire à partir d'une matière subtile spéciale, de particules corpusculaires, qui "dans l'esprit" créent instantanément l'image et se dissolvent ensuite instantanément. Pour le processus de réflexion, c'est très pratique. Sous certaines stimulations de l'appareil visuel par des particules de lumière dans le cerveau, il y a une construction de l'image correspondante.

Lorsqu'un enfant accumule suffisamment d'expérience du monde qui l'entoure, les images peuvent apparaître dans le cerveau sans la source originale - il suffit d'avoir quelques caractéristiques qualitatives (rond, vert, aigre) pour que l'appareil numérique recalcule ces caractéristiques dans une certaine image (une pomme, une prune). Moins il y a de caractéristiques, plus il est difficile pour l'appareil numérique de trouver une image précise.

Dans cette machine numérique, les paramètres dérivés de calcul sont chargés, et selon eux se forme une image mentale des particules corpusculaires. Ceux qui ont une pensée suffisamment développée ont développé des images. Mais comme nous l'avons déjà dit, elle est construite sur les originaux, qui existent dans ce monde donné. Et à travers ces images, on se connecte avec le monde et on y entre.

Mais l'appareil visuel de chaque forme n'est réglé que pour une perception partielle du monde. Un insecte le voit différemment d'un animal, et un animal le voit différemment d'un humain. Les perceptions sont conçues pour découvrir le monde au fur et à mesure de leur évolution. Plus l'âme est grande sur le plan de l'évolution, plus le rayon de sa perception du monde est grand, plus elle le voit loin et plus les détails qui s'y trouvent lui sont révélés.

L'interaction avec le monde se fait principalement par les

organes de la vue, du toucher et de l'odorat. L'appareil vocal permet à un individu de s'exprimer, d'établir des liens au niveau de la compréhension mutuelle et de travailler à des objectifs communs.

Mais un individu interagit aussi avec le plan subtil, en particulier avec les Déterminants. Pour la communication avec les plans Supérieurs, en particulier avec l'Enseignant, il est équipé de structures plus complexes du plan subtil. La communication de notre monde matériel avec le monde subtil ne s'effectue pas à travers un vide ou une lacune, mais par des constructions spéciales du plan subtil.

L'homme reçoit des impulsions qui sont décodées en images par un appareil de décodage spécial intégré dans les structures fines de l'homme. Mais le travail du décodeur est également basé sur les images qu'une personne a accumulées au cours de son expérience de vie personnelle.

Le Déterminant ne peut transférer l'information qu'à travers ces images. Toute autre chose serait incompréhensible pour l'homme. D'ailleurs, les textes des "Lois de l'Univers" sont compliqués car ils contiennent peu d'images pour les humains.

Les Déterminants ont dans leur monde une autre perception, d'autres images, qui seront totalement incompréhensibles pour les humains. Ils doivent donc traduire toute la complexité de la structure du monde Supérieur et de leur travail en utilisant des images humaines primitives. Nous pouvons tout aussi bien parler aux chats et aux poissons de nos relations, en n'utilisant que leurs images et leurs concepts.

De la même manière, il est difficile pour le Déterminant de transmettre à un être humain ses informations Suprêmes. De nombreuses formes de communication n'existent pas chez l'homme. (Ainsi, pour les animaux, par exemple, les concepts de nos usines, de l'agriculture, de l'art n'existent pas dans leur mode de fonctionnement). C'est-à-dire que dans les Mondes Supérieurs, il y a beaucoup de ces complexités qui n'existent pas pour le Niveau humain en question. Le Déterminant n'utilise donc que les images et les concepts d'un être humain.

Sous l'influence des concepts de l'homme, le décodeur transforme une impulsion reçue d'En Haut en une image à travers les séries numériques à l'aide de particules corpusculaires. Une personne est comme sa vision intérieure qui s'élève en elle, ou plus précisément dans la couche mentale, voit cette image, que l'appareil de décodage reproduit, et poursuit son développement déjà avec l'aide du cerveau physique. Mais une impulsion est reçue par le centre du cerveau ou l'anneau d'impulsion (pour plus de détails, voir le livre "L'âme et les secrets de sa structure"). Son traitement primaire se produit dans les constructions subtiles d'un être humain.

Avant qu'une impulsion n'atteigne un individu, elle doit traverser les espaces de deux mondes de qualité différentes : subtil et physique. Un monde est séparé de l'autre par certaines frontières, c'est-à-dire que chaque monde a sa propre structure et son propre volume soutenus par des constructions appropriées.

Pour passer d'un monde à l'autre, la conception de la connexion doit changer sa base qualitative, c'est-à-dire que la connexion dans le monde subtil sera d'une matière, et dans le monde de la matière physique - d'une autre matière. Ainsi, la connexion a une forme constructive complexe, existant dans différentes coordonnées spatio-temporelles.

La frontière même de la transition d'un monde à l'autre est une construction séparée, qui combine les propriétés de deux plans adjacents. Et nous parlons des constructions pour briser l'habituelle facilité humaine à juger le transfert de signaux d'un monde à l'autre.

L'homme le perçoit généralement de cette manière : le professeur envoie une idée, l'élève l'attrape. Et c'est là toute l'idée. Et il n'a aucune idée qu'il y a des constructions très compliquées derrière cela. C'est pourquoi nous en parlons brièvement. Les constructions de communication elles-mêmes sont destinées à transformer et à crypter une impulsion venant du Déterminant - à un être humain, du bloc d'énergie - à l'image.

Un être humain perçoit les ordres du Déterminant non pas sous forme verbale mais sous forme d'impulsions qu'il décrypte ensuite. Le bloc d'informations envoyé par le Déterminant sous forme d'énergie d'une certaine qualité est transformé par les fonctions de réseau des structures subtiles en rangées numériques, qui sont ensuite transformées en images compréhensibles par l'homme, qu'il perçoit comme étant des formes ou des idées qu'il comprend.

Et sans le déchiffrage de l'appareil orbital, une personne ne pourra jamais "entendre" ce que le Déterminant lui demande ou quelles informations il lui envoie.

Lorsqu'une personne a une idée, c'est le Déterminant qui lui envoie une impulsion d'énergie qui représente une énergie d'une certaine qualité. Et cette qualité, grâce aux opérations numériques de l'encodeur, agissant en relation avec le temps de la personne instantanément, le décrypte, en incluant déjà des concepts dans l'œuvre, en informations spécifiques. L'énergie d'une certaine qualité ne peut être décodée qu'en connaissances spécifiques, pas n'importe quelles connaissances.

L'imperfection de la construction humaine est qu'elle donne de grandes distorsions dans la perception de l'impulsion initiale et aussi de grandes distorsions lors du décodage même des informations transmises d'en Haut. Par conséquent, un individu a beaucoup de fausses connaissances.

Plus le Niveau de développement de l'homme est bas, plus il fait de distorsions. Mais la question n'est pas dans le niveau de développement de l'homme lui-même, mais dans l'imperfection de la communication même qui fonctionne entre le Déterminant et l'étudiant. Autrement dit, un Enseignant donne une grande quantité d'informations, mais au prix d'une communication imparfaite, celles-ci sont comprimées à un point. De cent pour cent d'informations, il en reste généralement cinq pour cent. Il s'agit d'une compression de volume jusqu'à un certain point, une sorte d'effondrement

C'est pourquoi les Concepteurs Supérieurs travaillent constamment à l'amélioration des couches structurelles, en particulier, ils travaillent à l'amélioration de la couche limite du plan terrestre, afin qu'elle n'entrave pas la communication et qu'elle protège mieux contre la pénétration de tout type d'entité d'un côté ou de l'autre, qui a lieu actuellement. Par conséquent, les entités indésirables pénètrent également dans notre monde, et de notre monde, elles se retrouvent parfois dans des volumes spatiaux non requis.

Mais les Constructeurs Célestes, sur la base d'expériences constamment menées depuis le Haut, ont réussi à perfectionner la communication orbitale avec les êtres humains et déjà dans la prochaine étape de développement de l'humanité, ils ont l'intention d'utiliser le modèle amélioré de communication.

La généralisation de la communication par contact est également une expérience visant à améliorer la conception humaine en vue de recevoir et de décoder les informations le plus précisément possible. Les Supérieurs sont en contact avec différents Niveaux de développement, et ils (les Niveaux) ont des constructions différentes, donc les Supérieurs essaient d'améliorer la communication à tous les

Niveaux humains.

Cela permettra de mieux gérer les personnes de faible Niveau, de prévenir la possession. Et ce dernier se produit précisément parce qu'un individu inférieur entend plus clairement le commandement d'une entité parasite que celui de son Professeur. La communication sera tellement améliorée que le potentiel de l'impulsion ne se dissipera pas en descendant, et qu'elle commencera donc à prévaloir sur les commandes de l'entité.

L'analyse du travail de nombreux contactés modernes par les Supérieurs leur a permis de tirer certaines conclusions sur l'amélioration de la communication entre l'Enseignant et l'élève. Un être humain entendra mieux l'Enseignant et fera donc moins d'erreurs. C'est sur ce contact que se construira la relation entre les Hauts et la future sixième race.

Faire de l'homme un zombie est une violation des Lois de l'Univers

Le Hiérarque dit:
«Je vous dis que ce qui est suffisant en tout et tout est suffisant dans n'importe quel volume.

Les experts ont atteint le niveau de transplantabilité de l'appareil pensée et veulent le subordonner à leur affiliation. C'est-à-dire que des développements particuliers permettent d'introduire et de pénétrer dans la psyché des êtres pensants et d'y faire une restructuration importante, tout en perturbant l'équilibre de tout le cycle programmé des situations de la vie.

Il doit y avoir une quantité optimale de tout et en tout.
C'est la loi. Le non-respect de cette règle risque de provoquer la perte d'une « place au soleil », c'est-à-dire l'expulsion d'un certain attribut. Sinon, la violation de l'ensemble de lois menace de destruction sur le plan vital de l'être pour la croissance des individus du flux de la matière.

En disant cela, Nous signalons sur les troubles psychiques de nombreuses personnes et animaux. Ce changement découlera des processus de dégradation irréversibles du plan.

Mais surtout, Notre activité est entravée par des personnes qui se s'exaltant à Nous, qui réfractent Nos actions par leur conscience dans le sens de leurs intérêts égoïstes. Ils essaient de gérer leur propre espèce sans rien comprendre à la gestion ou aux résultats qu'ils obtiendront. Ils souhaitent avoir une chose, mais en obtiennent un autre. De nombreuses erreurs sont commises par les gens, et toutes devraient être corrigées.

Mais Nous voulons vous avertir: méfiez-vous de ceux qui se dégradent et de ceux qui cèdent facilement à la suggestion des autres en raison de la perte de leur énergie. Vous pouvez tout attendre d'eux, car leur action ne vient pas du Déterminateur, mais des spécialistes de vos laboratoires. C'est quelque chose comme zombifier les gens.

La prudence sur votre plan consiste à être prudent dans la communication avec tel ou tel sujet, à se comporter avec vigilance à son égard. Et comme il est presque impossible de reconnaître ces personnes d'un seul coup d'œil, il faut se méfier absolument de toutes les personnalités de niveau bas. Les candidats de ces personnalités sont sélectionnés par des personnes dans différentes régions et différents secteurs au moyen d'un système informatique.

Mais ceux qui cherchent la vérité, doivent voir ce qui est caché à ceux qui sont imprégnés de bénédictions. Soyez vigilants et laissez votre cœur vous dire qui est qui».

Ce texte nous rappelle l'intégritunité* (unicité du monde), qu'il n'est pas constitué d'un nombre arbitraire et incontrôlable d'objets et de formes aléatoires. Chaque unité créée, et surtout celle qui est spiritualisée, est destinée à un certain objectif et participe à la structure du monde en tant qu'élément nécessaire. Par conséquent, l'homme ne doit pas considérer ce qui existe dans le monde comme distinct et indépendant, quel que soit le sujet. Tout, dans sa totalité, forme un monde unique et holistique. Et dans ce monde, tout est calculé et rien n'est superflu.

Mais l'homme souffre d'une vanité exagérée. Quand il invente quelque chose, il s'élève dans la vanité. Il lui semble qu'il peut tout faire et qu'il peut tout se permettre sur Terre. Il s'est séparé de tout, en quelque chose d'isolé, se développant par lui-même, mais en même temps au-dessus de tout le monde.

Certains individus, qui excellent dans la connaissance de certains domaines, n'empiètent pas seulement sur le monde extérieur, mais aussi sur eux-mêmes. Ainsi, certains scientifiques ont développé des armes psychotroniques pour soumettre la masse à certains individus. Les puces sont insérées dans les individus, même contre leur volonté et leur désir, et ils essaient ensuite d'influencer leur comportement dans la direction souhaitée pour eux. À l'aide des puces, l'individu reçoit un programme de comportement. En fait, un tel individu se transforme en zombie.

Les spécialistes de la Terre apprennent à influencer l'appareil de pensée d'une autre personne afin de la soumettre à sa volonté, de la transformer en un robot, qui peut être contrôlé à distance. Ces spécialistes réussissent à supprimer la volonté des autres, et sont satisfaits de leurs résultats, sans se rendre compte de ce qu'ils font. Cela équivaut à forcer les reins à travailler selon leurs commandes, plutôt que selon les besoins du corps. Une perturbation progressive du petit volume commencera, ce qui entraînera la mort de l'organisme tout entier.

Tout en demandant à un homme le programme souhaité, ces experts ne se rendent pas compte qu'ils interfèrent dans les plans des Maîtres Célestes. Ils ne savent pas que chaque personne a son programme personnel développé par des Programmeurs Célestes et son objectif de développement, ce qui signifie la participation de cet individu dans des situations particulières. D'autres situations lui sont imposées. Par conséquent, la chaîne des liens entre certaines personnes, pour lesquelles cet individu particulier est un maillon de liaison pour la connexion avec d'autres personnes ou d'autres situations, va se rompre.

Les événements sont perturbés. Beaucoup de gens commencent à s'embrouiller dans la vie. Et la raison en est que la bonne personne n'a pas été en contact avec eux à temps. Pour cette raison, même toute la vie ultérieure de ceux avec lesquels, selon le programme personnel, la personne zombifiée aurait dû se joindre, peut s'effondrer. Ainsi, non seulement son propre destin est ruiné, mais aussi celui d'autres personnes liées à lui par le programme. Et cela implique la violation des plans du Supérieur.

La perturbation causée par un seul homme s'étend de plus en plus loin le long de la chaîne de connexions, et toute la zone du plan prévu peut s'effondrer. Et il faudra du temps pour tout rétablir et cela nécessitera des dépenses supplémentaires de ressources.

Et comme les spécialistes projettent de zombifier de nombreuses personnes dans leur intérêt, en les transformant en esclaves obéissants, ils s'opposent en fait à la plupart des plans Supérieurs, les ruinant et plantant leurs propres plans égoïstes. Et c'est nous qui parlons des conséquences de leur ingérence. En outre, ils modifient également l'ensemble des énergies de l'âme humaine, interfèrent dans la perfection de l'âme, qui appartient à Dieu. C'est à partir du moment de la zombification qu'un individu cesse de se développer.

Pour corriger une telle interférence plus tard, les Supérieurs devront développer de nouveaux programmes supplémentaires et dépenser des ressources supplémentaires. Par conséquent, une chose apparemment insignifiante comme le fait de changer la situation d'une expérimentation provoque une série d'irrégularités dans le travail des Hauts. Bien entendu, de telles activités ne peuvent pas être encouragées. Mais les experts doivent savoir quelles conséquences, invisibles à nos yeux, leurs actions peuvent entraîner. A notre vue, il peut y avoir une catastrophe sur la Terre qui s'est produite juste à la suite du non-respect des actions des gens en raison de la violation de leurs programmes.

L'ingérence dans les plans Supérieurs d'un être humain peut être punie. Rien ne passe inaperçu et un être humain paie pour toute violation avec plus d'une vie selon le dommage causé. Si les spécialistes vont trop loin dans leur ingérence dans les affaires des Supérieurs, ils sont tout simplement ôtés d'eux-mêmes.

De plus, le Hiérarque avertit que de nombreuses personnes et même des animaux souffrent de troubles mentaux en raison du fait qu'un puissant potentiel d'énergie descend sur la Terre. Et le faible potentiel des âmes ne peut pas supporter le puissant potentiel de la nouvelle énergie. Et cela entraînera aussi la sous-exécution des programmes par de nombreuses personnes. Ces individus n'auront pas eu le temps d'accumuler en eux le potentiel nécessaire pour résister à la puissance des énergies descendantes.

Et, bien sûr, encore une fois, c'est la faute de l'être humain lui-même, qui au lieu de s'améliorer, entre dans le chemin des tentations et des séductions, ce qui le conduit à la dégradation, et donc à la combustion de l'énergie accumulée dans le passé de l'âme. Par exemple, toute boisson alcoolisée brûle considérablement l'énergie spirituelle, ce qui est exactement ce que le Système négatif attend de lui (il a été inventé par lui et envoyé aux gens comme une sorte d'invention).

Si toutes les âmes en développement choisissaient ce qui favorise leur avancement vers Dieu, le résultat ne serait pas aussi déplorable dans le présent. J'ai vu beaucoup de gens devenir fous, certains temporairement, d'autres jusqu'à la fin de leur vie. Ils l'expliquent par les difficultés de la vie, la destruction de la voie normale et habituelle. Et quand les gens autour de nous sont devenus fous, ils nous ont blâmés, disant que c'était notre faute à cause des contacts.

Mais les gens ne comprennent pas et ne veulent pas comprendre une vérité importante : la raison de tous leurs ennuis et malheurs réside en eux-mêmes. Qui est responsable du fait que vous avez bu et brûlé votre énergie ? Et pour certains buveurs, elle tombe à zéro (nous avons observé cela sur la base des nombreuses mesures que nous avons effectuées pendant notre période de recherche). Qui est responsable de votre débauche (dans la vie présente et passée) ? Et le sexe s'accompagne également d'une énorme libération d'énergie, ce qui fait qu'une personne réduit considérablement son potentiel. On dit qu'il faut payer pour les plaisirs. Un homme seulement ne comprend pas à quel point ce paiement est coûteux. Il doit payer avec l'énergie de son âme. Qui est responsable du fait que vous ayez toujours choisi les voies faciles ou les voies de la tentation et que vous n'ayez pas déterminé ce que vous avez à résoudre?

Et maintenant, quand les énergies Divines sont venues sur la Terre, l'être humain n'est pas prêt à les recevoir. Ainsi, la raison des problèmes de l'homme est en lui-même, et il n'a que lui-même à blâmer pour ce qui lui arrive. Mais ce qui est désagréable, c'est qu'il a laissé tomber les Enseignants Supérieurs qui ont investi tant de force et d'efforts en lui. Non seulement l'homme s'est dégradé, mais il a également détruit les espoirs de nombreux Fondateurs* et Dirigeants* qui sont occupés à compiler son programme de vie et à façonner son destin.

Un désordre dans la psyché de nombreuses personnes entraînera l'échec de la réalisation d'un grand nombre des objectifs fixés aux personnes par les Supérieurs, c'est-à-dire qu'il peut même arriver que des personnes, capables de progresser, soient forcées de se dégrader en raison de la perturbation des connexions normales par des personnes mentalement anormales. Par exemple, le père est devenu fou et donc incapable de donner à son enfant les moyens d'étudier. Ou parce que la personne est devenue folle, que le lien d'une personne avec une autre n'a pas eu lieu, que la jeune fille n'a pas été présentée au jeune homme qui allait être son mari, et qu'elle est laissée seule, parce les situations ultérieures ne prévoient pas leur rencontre. Et c'est ainsi que la faute d'une personne ruine les relations des autres.

Et si nous ajoutons que les animaux deviennent également anormaux du fait de l'augmentation de l'énergie libérée dans la Terre, l'impréparation des âmes se manifeste également dans ce domaine. Cela signifie que le nombre d'entre eux qui seront transférés dans le monde humain sera moins important. Et encore une fois, il faudra l'affiner.

Dans ce texte, le Hiérarque parle de manière générale des faiblesses de la psyché des formes terrestres, de son impréparation à passer au Niveau suivant.

En physique, si l'on donne une haute tension au secteur, toutes les ampoules destinées à un potentiel inférieur brûleront, tandis que celles à potentiel élevé resteront. Donc, en même temps, un tel événement - la libération d'énergie à haut potentiel vers la Terre - est un événement test. Les âmes qui, à la suite d'actions de dégradation, ont dilapidé leurs accumulations passées et réduit leur potentiel, seront brûlées sous l'influence d'une énergie plus puissante. Ils révèlent ainsi des défauts et certaines carences dans leur développement.

Cependant, le Hiérarque continue de mettre l'accent sur la transformation artificielle du comportement humain par l'utilisation d'armes psychotroniques. La capacité des experts travaillant dans ce domaine à asservir les autres, à dominer leur psyché, évoque un sentiment de complaisance et l'exaltation de leur propre personne. Ils se considèrent comme Supérieurs uniquement par leur capacité à gérer des individus au potentiel d'âme faible, mais ne peuvent prévoir ni les conséquences de leur travail, ni les conséquences de leur influence sur l'ensemble de l'humanité et de la planète. Leur compréhension de l'avenir ne va pas plus loin que la satisfaction d'intérêts personnels égoïstes, tout visé à obtenir et à protéger leur propre bien-être matériel.

Ce qui est dangereux chez ces spécialistes, c'est qu'ils agissent par l'intermédiaire d'autres personnes, c'est-à-dire de zombies, tout en restant eux-mêmes dans l'ombre. Ils contrôlent les personnes zombifiées depuis le calme de leurs bureaux douillets, les mettent sous les balles, les dirigent vers les zones dangereuses, alors qu'eux-mêmes restent inconnus, inaperçus et hors de la zone de danger.

C'est pourquoi le Hiérarque exhorte les gens à être doublement vigilants : ne pas faire confiance aux spécialistes individuels qui cachent le mal sous le couvert de l'aide, et faire attention à ceux qui les entourent, car des zombies peuvent apparaître parmi eux. En apparence, il est presque impossible de les distinguer des gens ordinaires. Ils se manifestent soudainement par un changement de comportement lorsqu'ils reçoivent un ordre. Et puis, il n'y a plus rien pour les arrêter.

D'ailleurs, la prolifération actuelle d'un si grand nombre de kamikazes est précisément due à leur zombification. C'est un exemple de la façon dont une invention est tombée entre les mains des représentants du Système négatif et qu'ils l'ont orientée vers la destruction de d'autres personnes. C'est exactement ce que j'ai écrit dans le chapitre "L'illusion de l'immortalité". C'est-à-dire que la conscience des gens n'est pas prête à utiliser correctement de nombreuses pratiques et inventions uniques développées par les scientifiques de pointe de la Terre.

Les terroristes zombifiés n'ont pas le moindre sentiment de peur. Au moment de l'exécution du commandement, les sentiments, la volonté et leur propre compréhension de leur environnement sont complètement éteints. Ils se transforment en biorobots obéissants. Ils sont contrôlés de loin par ceux qui restent eux-mêmes en sécurité.

Les candidats aux postes de zombies ne sont pas nécessairement choisis volontairement. Dans le passé, les puces étaient insérées pour modifier le programme comportemental d'une personne, mais maintenant les puces ne sont plus nécessaires non plus. Les personnes à faible potentiel sont sélectionnées par le réseau informatique et influencées par une certaine méthodologie. Les personnes travaillant dans divers domaines de la science et de la technologie peuvent être zombies. La condition principale de la zombification est un faible potentiel de l'âme. Dans ce cas, un tel futur zombie peut être suffisamment développé intellectuellement, mais son accumulation spirituelle est si misérable qu'il est très facile de le transformer en zombie, un exécutant obéissant à la volonté d'autrui. Les zombies peuvent également devenir des éléments dégradés. C'est pourquoi il est si important pour chacun d'accumuler un bagage spirituel personnel, qui devient sa protection contre tout empiètement inutile.

Je voudrais également aborder ici la question de l'exaltation de l'homme, de son orgueil et de sa vanité. Dans le texte précédent, le Hiérarque mentionnait que de nombreux professionnels assument des tâches qui ne leur sont pas propres, apprenant à subordonner les autres à leur volonté. Dans un autre texte, les Supérieurs en parlent ainsi :

«Certains individus sont devenus trop importants pour eux-mêmes. C'est pourquoi il a été nécessaire de leur fournir des informations supplémentaires.

Le fait est que lorsqu'un faisceau, dirigé vers la Terre, se réfracte à travers leur conscience, Nous ne recevons pas cette information en retour, ce qui est souhaitable pour Nous. Ces personnalités réfractent le faisceau de la connaissance avec leur exaltation et c'est pourquoi il y a une perception inappropriée des informations et des situations de vie dont Nous avons besoin.

Cela entraîne une grande dépendance des générations par rapport aux erreurs qu'elles ont commises. Les personnalités elles-mêmes doivent être dirigées d'urgence vers d'autres technologies d'entrée dans une base de données supplémentaire. Mais la difficulté est que la base n'accepte pas les introductions fréquentes. Et ces personnes se sont avérées si nombreuses que Nous devons faire une injection toutes les deux secondes dans la base de données.

Nous ne comptions pas sur l'apparition de tels nombres d'individus arrogants sur Terre. Le superflu doit donc être transféré vers une autre forme de vie ou vers l'anéantissement du corps. Ce sont ceux que Nous n'avons pas le temps d'orienter de la base vers une nouvelle étape de la vie.

Les gens font beaucoup d'erreurs dans leur conduite par ignorance. L'orgueil et la vanité sont des qualités contre lesquelles il faut combattre. Mais un être humain ne souhaite pas les reconnaître comme des vices, et ne les voit pas en lui-même.

C'est pourquoi même de nombreux grands esprits de l'humanité dirigent leur force et leurs connaissances vers les mauvais endroits où Nous en avons besoin. Mais tout cela est dû au manque de compréhension de ces déviations qui se produisent en eux-mêmes et dans leur entourage.

De nombreuses générations suivent leurs pensées erronées. Nous ne sommes donc pas indifférents à leur sort, et Nous signalons leurs erreurs. Il ne doit pas y avoir d'arrogance chez l'homme, car sa valeur est trop petite. L'homme est incapable de savoir quelle est la véritable hauteur de l'Esprit, son cerveau est incapable de la percevoir, d'où ses illusions. Par conséquent, que chacun expulse le vice de lui-même. Être capable de s'arrêter à temps et de corriger les erreurs».

Ce texte est assez clair en soi, mais je vais néanmoins apporter une petite précision.

Les gens ne prêtent pas beaucoup d'attention à une qualité telle que la vanité, mais il s'avère qu'il est très difficile pour une personne de recevoir des informations par le biais du canal de communication avec son Déterminant. Il est fortement déformé. Ainsi, dans les théories, il y a des distorsions et des perversions des connaissances Supérieures.

Ensuite, ces théories sont étudiées par les générations suivantes, les jeunes sont éduqués selon les fausses connaissances en apprenant les fausses vérités, puis ces mensonges et faussetés sont transformés en dogmes. Par conséquent, lorsque le nouveau arrive, il est très différent de l'ancien, bien qu'ils ne devraient pas être très différents les uns des autres en vertu du droit d'accepter les informations, mais devraient se poursuivre les uns les autres.

Sur la Terre, c'est tout le contraire : la nouveauté se fraye à peine un chemin à travers les vieilles théories déformées, dont les gens en ont la tête remplie. Il leur est difficile de renoncer à leurs anciennes conceptions du monde car elles sont fondées sur les théories déformées des autorités. Par conséquent, des générations entières grandissent avec de mauvaises connaissances.

La vanité même, qui est constituée d'énergies rigides, ferme les canaux de communication entre une personne donnée et son Déterminant. L'arrogance est une qualité d'énergie négative. Elle encombre les canaux d'acceptation de l'information comme une scorie, ce qui entraîne des distorsions dans l'acceptation des connaissances envoyées par l'Enseignant. C'est comme un étudiant sourd : on lui dit une chose et il en entend une autre. Tout est dans le défaut de son appareil auditif. Et sur le plan subtil, un tel défaut apparaît dans les canaux de communication, mais c'est le disciple lui-même qui inflige le défaut à son appareil. L'individu entend mal le Maître Céleste, ses signaux.

De plus, en pénétrant dans la psyché d'une personne, l'arrogance la déforme également. L'orgueil et la vanité gonflés contribuent à ce que l'homme commence à accumuler, à partir des situations de la vie, des qualités dont il n'a pas besoin. En conséquence, l'être humain commet de nombreuses erreurs, et l'âme acquiert des énergies basses. Par conséquent, d'une part, une telle personne semble avoir obtenu un grand succès en matière de développement, mais d'autre part, les récentes infractions obligent le Supérieur à envoyer une telle âme après sa mort vers un traitement spécial dans une station ou une base de purification.

Cette base fonctionne selon certains cycles, elle ne peut pas accepter de tels individus à un moment donné. Travailler avec la purification de l'âme prend beaucoup de temps. Et comme ces personnes sont si nombreuses, surtout ces derniers temps, la plupart des âmes qui n'ont pas atteint le cycle d'admission doivent être décodées.

(Et ce, malgré leur intelligence ! Les qualités de l'âme sont valorisées au-dessus de la mentalité). Ce fait témoigne déjà : la grande quantité du mal que l'âme elle-même acquiert cette qualité.

La prétention, l'exaltation de soi-même, se propagent maintenant comme un vice parmi les différentes couches de la population. La liberté donnée à l'être humain est un environnement favorable pour beaucoup de gens pour gonfler leur vanité.

Mais un être humain doit se regarder sobrement et se comparer à ceux qui sont dans les sphères Célestes. Et il y en a beaucoup, autant qu'il y a de personnes sur la Terre. Et ils ont tous un développement qu'un être humain doit traverser pendant des milliers et des milliers d'années. Il faut mettre en adéquation ses connaissances et ses concepts avec le Niveau Supérieur et donc se poser souvent des questions : « Qu'est-ce que j'en sais ? Que puis-je faire ? »

Un individu dirige ses efforts vers les biens matériels, mais pas vers les valeurs spirituelles. Il préfère acheter un tapis pour le mur plutôt qu'un livre coûteux. Et en cela, il y a une mauvaise orientation vers les vraies valeurs. Il faut que ce soit l'inverse. Une personne doit courir après de nouvelles informations, après chaque nouvelle idée et non après des ensembles de meubles.

Le retard de l'homme sur le plan spirituel est devenu perceptible à l'instant même, avec l'arrivée de nouvelles connaissances sur la Terre. L'homme lit les romans policiers avec ravissement, mais son cerveau est si peu développé qu'il est incapable de comprendre la Connaissance Supérieure. Et la raison de cette incompréhension est le manque de travail sur lui-même. L'homme a l'habitude d'avaler ce qui est facile à digérer, ce qui est simple. Pour lui, la lecture du livre est déjà une connaissance. Mais les livres sont différents, et tous les livres ne portent pas tous le même potentiel de la connaissance. Ainsi, une personne lit un livre pour s'amuser, et un autre pour apprendre de nouvelles choses. Un livre peut corrompre, l'autre enrichir l'âme avec de hautes énergies. Et dans tout cela, un homme doit apprendre à se comprendre lui-même.

L'homme a oublié le vrai sens de la vie. Il travaille jour et nuit pour avoir plus d'argent et ensuite l'investir dans ce qui deviendra une banalité dans cinquante ou cent ans. Et il doit travailler pour pouvoir s'acheter un livre, du matériel pour créer, pour payer l'Enseignant, qui lui ouvre de nouvelles connaissances, et de s'efforcer d'atteindre ce qui élève son Esprit.

Chapitre 7
Le sens des «Lois de l'Univers...» et des nouvelles informations

Tout l'Univers est régi par les Lois. Il n'y a rien qui reste en dehors d'elles et ne tombe pas sous leur contrôle. Ceux qui n'obéissent pas aux lois générales de l'Univers, viennent à s'autodétruire.

Les mondes n'existent pas par eux-mêmes, ils ne sont créés que pour faire grandir des âmes d'une certaine qualité. Et la qualité dicte le processus et la forme de la culture des âmes. Cela signifie que l'éducation joue un grand rôle dans leur développement dans une direction donnée et dans le développement des mondes eux-mêmes. Une bonne éducation conduit l'âme plus rapidement à une conscience supérieure, qui peut fixer correctement les objectifs du développement : les siens et ceux du monde et dans les meilleures conditions, elle conduit tout autour à la perfection.

L'humanité bénéficie de certaines périodes de développement, après lesquelles les âmes sont testées pour leur maturité. C'est le cas aujourd'hui. Ils créent des situations extrêmes qui permettent de tester les qualités accumulées par l'âme.

Toute apparition de Dieu sur la Terre ne consiste pas à accorder la Grande Grâce aux pécheurs et aux indignes, mais à changer la vision du monde de l'homme. Le salut de l'homme réside dans le changement de sa conscience, dans la compréhension correcte des vérités Supérieures. Par conséquent, Dieu descend sur la Terre, pour éclairer leur esprit, pour leur signaler leurs erreurs et leur donner de nouveaux objectifs.

Les Hiérarques Suprêmes parlent de Sa venue de cette façon :

«Dieu ne descend pas pour créer un paradis sur Terre, mais pour faire face aux erreurs».

Mais la Bible dit à propos de la Seconde Venue que Dieu viendra pour juger les gens. Ainsi, les gens bénéficient d'une liberté imaginaire, qui permet de révéler tous les défauts et fautes de chacun. Ce n'est pas parce que tout est permis que tout est admissible. Les qualités morales supérieures que les âmes supérieures ont obtenues lors des incarnations passées, ne leur permettront pas de commettre des actes immoraux même en toute liberté.

Pendant la période actuelle, par la grâce des Supérieurs, les gens se voient offrir la dernière chance de se manifester soit positivement soit négativement. C'est pourquoi il existe des situations aussi cruelles autour. Ce n'est pas l'homme qui survit, mais les âmes qui survivent.

Après un certain nombre de vérifications, certains d'entre eux passeront à la Hiérarchie de Dieu, d'autres au Diable, certains continueront leur développement dans la sixième race, la quatrième, comprenant environ six cents millions de personnes, sera décodée et donc détruite en tant qu'individus. Un tiers (1/3) du nombre actuel d'humains restera sur Terre. Je le répète encore et encore pour que cet horrible chiffre écrasé reste gravé dans la mémoire de tous et contribue à les mettre en garde contre des actes inconvenants.

À l'heure actuelle, lorsque tous ses actes et ses aspirations sont jetés sur la balance de chaque personne vivant sur Terre, il est important de lui donner, comme bouée de sauvetage, de nouvelles lois et de nouvelles connaissances. Leur étude par l'homme et son désir de comprendre les Supérieurs et de s'en rapprocher dans ses actes et ses pensées, permettra à l'âme de gagner ces avantages salvateurs, qui l'aideront à résister aux épreuves et à entrer dans la Hiérarchie positive, et non négative.

La spiritualité est la compréhension de l'information des Supérieurs, la compréhension de la nouvelle connaissance cosmique, car elle est porteuse d'un haut potentiel. Toutes les informations terrestres appartiennent aux énergies de la gamme inférieure et ne contribuent pas à la transition de l'âme vers les plans Supérieurs.

Un nouveau niveau d'un ensemble d'énergies positives est l'étude de nouvelles lois et de nouvelles informations contenues dans les livres des contacteurs modernes de haut Niveau. Ils comprennent, tout d'abord, les «Lois de l'Univers». Ils contiennent un puissant énergopotentiel des énergies Divines Supérieures.

Les Lois de l'Univers sont les nouvelles connaissances sur les voies de progression de l'âme et son ascension vers les mondes supérieurs. Ils ouvrent la voie à l'existence éternelle.

La renaissance spirituelle de l'humanité consiste en l'étude des nouvelles lois et leur mise en œuvre dans la vie de la société.

Le Code des Lois comprend des principes de base de l'Être Cosmique tels que la "Loi de la personne", la "Loi de la dépendance des caractéristiques qualitatives d'une personne sur son développement", la "Loi du progrès et de la perfection" et d'autres qui reflètent le développement de l'individu dans le système de l'Univers entier dans l'aspect énergétique de l'évolution. Elles permettent toutes de guider correctement une personne dans la direction de la croissance de son propre Esprit, et de comprendre en quoi consiste la véritable perfection de l'âme et à quelles fins elle est nécessaire.

Pour la première fois, les lois générales de l'évolution Cosmique, selon lesquelles tous les êtres sensibles dans l'Univers et dans l'Univers Entier (Création) sont perfectionnés, sont révélées à l'homme. Et cela montre déjà leur fondamentalisme.

L'humanité passe à un nouveau stade d'évolution, c'est pourquoi les Frères Aînés habituent les plus jeunes frères, les humains, à leurs lois cosmiques universelles, globales et fondamentales.

Les normes morales selon lesquelles vit l'humanité, ne sont qu'une petite partie du reflet des Lois qui régissent toute communauté de l'Univers. Et nous devons comprendre ces normes cosmiques universelles et les rendre compréhensibles pour tous ceux qui vivent sur Terre.

«La Loi de l'Amour», «La loi des causes et des effets», «La haute conscience en tant que la Loi de la régulation de son propre développement» et d'autres encore appellent les gens à la responsabilité de chacune de leurs actions et les orientent vers l'acquisition de qualités d'amour et de conscience supérieure, qui les aideront à entrer dans la Communauté Cosmique Supérieure après le stade actuel de développement.

La Terre a une chance de plus de s'élever à un Niveau de développement approprié. À ce stade, l'humanité est très en retard dans sa progression, de sorte que l'application correcte des Lois accélérera l'avancement de l'humanité sur la voie de la perfection spirituelle et de l'inclusion vers des idées supérieures.

De lois telles que: «La Loi de la liberté», «La loi de l'influence stimulante», «La loi de la non-intervention», «La Loi de non-dommage», «La Loi du perfectionnement du système d'aide», «La Loi de la mobilisation totale pour la suppression des interventions inutiles» et d'autres ont une importance nationale, parce qu'elles orientent correctement les pays à organiser des relations normales entre eux non seulement du côté des relations humaines internes, mais aussi du côté des relations extérieures en tenant compte des normes générales de comportement cosmique.

Les lois dissimulent toutes les nuances du développement, de sorte qu'il ne peut pas y avoir d'attitude superficielle et frivole à leur égard. Même si une personne n'a pas encore réussi à les comprendre, elle doit faire des efforts pour s'élever à son Niveau et comprendre la profondeur et les perspectives qu'elles offrent aux gens. Ils contiennent le salut de tous et de la Terre entière dans son ensemble.

Soyons dignes du grand objectif pour lequel chacun de nous a été créé, et élevons-nous dans nos pensées à la compréhension des objectifs de développement Supérieurs, qui vont au-delà de la planète et ouvrent la voie à l'existence éternelle.

Abordons maintenant plus précisément la signification des "Lois de l'Univers...» (Et d'autres nouvelles informations présentées dans nos livres) pour l'humanité.

Le sens des lois:
1. Les informations contenues dans le livre «Les Lois de l'Univers» ouvrent à l'humanité, une voie vers une nouvelle ascension spirituelle. Il supprime les vieux dogmes, étend la conscience à l'échelle de la conscience cosmique.

2. L'information des lois augmente le niveau intellectuel de chacun, enrichit l'âme avec des énergies pures Divines. Car l'apprentissage est l'accumulation de nouvelles énergies d'un ordre supérieur dans l'âme à celles contenues dans les informations de la période précédente.

3. Les informations aident l'homme à connaître sa véritable place et sa signification dans le système de l'Univers, et surtout, elles lui révèlent le sens de son existence, qui consiste en la perfection de l'âme et l'interaction avec les Supérieurs.

4. Les informations du livre ont un potentiel énergétique puissant, portant en elles des types d'énergies complètement nouveaux. Son étude enrichit donc l'âme de nouvelles énergies et par conséquent de nouvelles qualités, contribuant à la progression de l'âme.

5. Tous les textes sont riches en énergies, ont un puissant effet nettoyant.

Pendant cette période, la purification des personnes se fait par la souffrance et les maladies. Dieu offre le vrai chemin de la purification par l'assimilation de nouvelles informations, de nouveaux concepts cosmiques.

6. L'énergie des textes nettoie les enveloppes des énergies basses et sales, harmonise le bio-champ, restaure les processus de vie.

7. Le fait de remplir des enveloppes d'énergie nouvelle par la cognition renforce leurs fonctions de protection, car l'énergie nouvelle, ayant le plus grand potentiel, supprime et neutralise les basses énergies sur lesquelles sont construits les micro-organismes responsables de diverses maladies.

8. Le remplissage des enveloppes de l'homme de l'énergie avec une énergie de qualité supérieure facilite son ascension vers un Niveau spirituel supérieur non seulement sur la Terre, mais aussi dans la Hiérarchie de Dieu, et favorise l'ascension la plus rapide sur les marches de la Hiérarchie.

9. L'étude opportune du livre aidera l'humanité à s'engager sur une voie spirituelle élevée, en évitant les cataclysmes et la menace de la destruction de la Terre par des armes atomiques (la menace de destruction de l'humanité par elle-même).

10. L'étude de nouvelles informations et la compréhension de leur signification par l'ensemble de l'humanité leur permettra de réussir les examens qu'ils devront passer dans un certain laps de temps. Si l'humanité continue sur la voie qu'elle suit actuellement, la Terre sera détruite par les Forces Supérieures, qui y voient un terrain propice au mal et à l'agression. Ainsi fut détruite une planète du système Solaire Phaéton. Il y a déjà un exemple de la facilité avec laquelle les puissances Supérieures le font.

11. La voie du salut de l'humanité et de la Terre dans son ensemble passe par la maîtrise de nouveaux concepts et de nouvelles vérités donnés par Dieu, dans la restauration et le renforcement de haute moralité et de l'éthique sur la base de nouvelles connaissances.

12. La reconnaissance de nouvelles connaissances Supérieures est la voie de la perfection spirituelle de chacun.

13. L'étude des nouvelles Lois de l'Univers et leur application dans la vie est la voie du salut de la Terre et de toute l'humanité.

14. La spiritualité est la compréhension d'une nouvelle connaissance cosmique Supérieure, par Dieu à l'humanité à la jonction de deux époques, c'est le salut du décodage et un chemin vers

l'évolution.

Nous voulons que l'homme traite sérieusement son mode de vie, qu'il devienne un critique de lui-même, qu'il analyse en profondeur tout ce qu'il a fait. La légende de Dieu est devenue une histoire vraie. Et il jugera sévèrement. Des erreurs mineures peuvent être commises et les choses que l'homme ignore ou comprend mal, peuvent l'emporter dans le sens négatif.

Par conséquent, nous voulons rappeler une fois de plus que l'enthousiasme de l'humanité pour les actions peu spirituelles, telles que la recherche de plaisirs, les bénéfices excessifs, ainsi que l'agression, la cruauté, la tromperie et le mal apporté aux autres, contribue à remplir le corps énergétique humain d'énergies basses et sales, ce qui entraîne alors la nécessité de sa purification par les souffrances et les maladies pendant la vie et après la mort entraîne la nécessité de nettoyer les couches-filtres et un purification supplémentaire des enveloppes, ce qui est également assez douloureux pour l'âme humaine.

De plus, l'ensemble des énergies basses et sales l'amène à la nécessité de corriger ses erreurs, ce qui lui a permis de collecter ces énergies, par la Loi des causes et des effets ou karma.

L'essentiel pour éviter de telles erreurs est le développement de l'intellect, l'augmentation du niveau spirituel, le développement d'une personne hautement consciente harmonieusement développée.

La transition de la Terre et de l'humanité vers un nouveau stade de développement a lieu lors du changement d'époques. Mais il faut souligner que ce n'est pas la transition de toutes les âmes dans la Hiérarchie de Dieu. Seulement 144 000 y iront, le précise la Bible, ceux qui ont atteint la plus haute perfection. Le reste sera distribué aux endroits qu'ils méritent.

Ainsi, l'homme par sa conduite actuelle, choisit lui-même où il ira, et sur quelles voies de développement il s'engagera par la suite. Par conséquent, tout le monde devra y réfléchir. Et s'il cache quelque chose à lui-même, aux Supérieurs, il ne pourra pas cacher ne serait-ce qu'une seule de ses fautes. Il faut donc s'arrêter à temps et se rendre compte qu'il va dans la mauvaise direction. Les Supérieurs sont toujours heureux de donner un coup de « main » à tous ceux qui l'ont réalisé. Il doit lui-même faire un effort pour apprendre de nouvelles choses. L'homme doit comprendre l'essentiel : on ne peut pas s'élever sur de vieilles connaissances.

La valeur de la théorie énergétique du développement

A quoi servent les découvertes ? Pourquoi les livres sont-ils écrits, pourquoi une personne est-elle constamment à la recherche du sens de la vie ? Il peut y avoir de nombreuses réponses, mais quelle est la principale raison pour laquelle elle souffre, crée, cherche, lutte et commet de nombreuses erreurs ? C'est la connaissance de soi, de ses possibilités, le désir de comprendre la cause initiale du début et de la fin. Et le sentiment voilé de la recherche consiste en ce que, en cherchant quelque chose, l'homme se perfectionne, son âme.

Mais l'ignorance des processus ne lui permet pas de comprendre quelle énergie il opère à travers eux et quelles énergies il accumule dans sa matrice. Cela peut se faire grâce aux Lois et aux nouvelles connaissances qui ont été envoyées sur Terre par les Supérieurs. Tout ce à quoi l'individu participe, est lié au travail avec les énergies. Et à cet égard, la théorie énergétique du développement ouvre à l'homme de nouveaux horizons de connaissance. Pour la première fois, elle lui révèle les secrets, qui étaient jusqu'à présent cachés à l'humanité, la Théorie éclaire le monde d'une nouvelle perspective, aide l'homme à ouvrir ses yeux sur lui-même et sur le Cosmos comme quelque chose d'unique, comme un processus holistique d'évolution.

La connaissance de la théorie aidera à comprendre, pour toute personne saine d'esprit, à quel Niveau de développement elle se trouve, d'où elle vient et où elle va dans la chaîne de l'évolution, jusqu'où elle va avant la transition vers les mondes plus parfaits et ce qui la tire vers le bas et vers le haut ; elle aidera à comprendre quelles énergies sont converties en quoi et, à cet égard, à voir quelles énergies s'accumulent dans ses enveloppes, où les énergies positives sont plus présentes et où se trouvent les énergies négatives. La connaissance aidera à orienter le développement dans la direction souhaitée, aidera à accélérer consciemment le chemin de l'ascension vers les Sphères Supérieures, au lieu de se précipiter à la recherche d'un bonheur éphémère et d'une fausse richesse.

La théorie de l'énergie ordonne le monde terrestre pour l'homme lui-même, puis le monde cosmique, montre ce qui se développe à partir de quoi, sur quelle base, et ce qui suit. Connaissant un stade de développement, il sera toujours possible de prévoir le suivant.

La théorie du développement énergétique est un rayon de lumière qui montre le chemin vers le haut, car elle donne des concepts sur la base du monde et l'évolution de l'Univers, les lois de la transformation des énergies en d'autres énergies par ces processus.

Sa connaissance permettra de conduire l'humanité sur le chemin de la lumière et du bien, aidera à sortir du labyrinthe des erreurs et des recherches futiles du sens de la vie au cours de nombreuses incarnations.

L'homme est habitué à une attitude frivole envers son existence, et plus encore envers l'existence de la Terre et de toute l'humanité. Il lui semble que par rapport à eux, il est si petit qu'il n'a aucune influence sur quoi que ce soit. Et seule l'étude des processus auxquels il participe, en termes de transformation des énergies, lui permettra de comprendre le rôle important que joue chaque individu dans la vie de la planète et des Systèmes Hiérarchiques. Ces connaissances augmenteront la signification de l'homme à ses propres yeux et seront salutaires pour la planète et tous les peuples qui y vivent.

- - -

Dans l'un des contacts, Dieu a dit que l'homme « apprend beaucoup sur lui-même de Notre grande position», c'est-à-dire du point de vue des Supérieurs. Et Ils ne pensent certainement pas aux gens ce qu'ils pensent d'eux-mêmes. Un être humain se surestime généralement. Je donnerai les conclusions des Hiérarques sur l'être humain à cet égard.

1. Les gens oublient rapidement la bonté et se souviennent longtemps du mal.

2. Ils ne sont pas heureux de la vie parce qu'il y a de l'obscurité dans leur âme.

3. Ils ne savent pas qui ils sont et pourquoi ils sont ici.

4. Tous les biens que les gens ont créés pour le corps, ne laissent rien pour l'âme.

5. Ils ne s'intéressent pas au monde qui les entoure car chacun a le sien.

6. S'ils comprennent les problèmes de l'autre, ils n'essaient pas de les éliminer.

7. L'aide d'un cœur pur n'est pas perçue comme ayant un avantage.

8. Chacun vit pour soi-même.

9. S'il y a un objectif, il est atteint même par le biais de la vie d'autres personnes, qui, en principe, ne devraient pas se trouver à ce Niveau de développement.

10. Leur aliénation les empêche de pénétrer dans la conscience et leur permet de se replier sur eux-mêmes.

11. Tout le monde se considère comme supérieur à tout le monde.

12. Le pire ennemi de l'homme est son esprit, car il est incapable de le diriger vers le bien et le Supérieur.

13. L'incrédulité les éloigne des Supérieurs par des millions d'années.

14. En vivant dans le présent, les gens ne pensent pas à l'avenir.

15. Sans connaître les inférieurs, on ne peut pas dire qu'il n'y a pas d'amour entre eux.

16. Agir selon la conscience, c'est aller à l'encontre de toutes les lois de la société.

17. Le plupart du temps, l'homme agit instinctivement comme un animal, oubliant son esprit.

18. Ils ont fait du sexe le concept le plus élevé de l'amour, alors qu'il n'est qu'une manifestation pitoyable et insignifiante des passions animales.

19. L'indifférence a gelé tous leurs sentiments de compassion et d'amour pour autrui.

20. Ils ne veulent pas comprendre que la perte du corps ne signifie pas la perte de l'esprit.

21. La peur de la mort rend une personne sans défense.

22. La jalousie est une crainte de la solitude et une mesure d'encouragement pour le partenaire.

23. La peur empêche de découvrir de nouvelles choses et de les mettre en pratique.

24. Le concept de son propre enfant est considéré comme supérieur au concept de sa propre dignité.

Chapitre 8
L'influence des planètes sur les corps énergétiques de l'homme

Tout dans le Cosmos est interdépendant, dans une cohérence unifiée, tout comme les organes du corps humain sont interconnectés en un tout dans l'organisme. Par conséquent, lorsque quelque chose dans les organes commence à mal fonctionner, cela affecte l'état de l'organisme tout entier.

Il en va de même dans le système de notre étoile appelé Soleil: s'il commence à mal fonctionner énergétiquement pour le Cosmos, alors toute la structure planétaire du Logos en souffre.

De quelle manière l'être humain est-il énergétiquement connecté aux planètes ? Nous ne parlerons pas de l'influence des étoiles parce qu'elles sont très éloignées de la Terre, ce qui est le plus important, sont destinées à d'autres fins, donc elles ont peu d'influence directe sur les gens aussi.

L'homme moderne, c'est-à-dire le représentant de la cinquième race, a été conçu à l'origine en interrelation unie avec les planètes du système Solaire. Pourquoi ont-elles toutes participé à son travail ?

La raison en est que la Terre a été transformée en fournisseur d'âmes parfaites pour les sphères Supérieures. Chaque individu devait se perfectionner jusqu'à un stade qui lui permettrait de faire un saut évolutif vers les mondes Supérieurs.

Il n'y a pas que les types d'âmes terrestres qui sont présents sur Terre. Ici, pour l'achèvement, pour la dernière étape finale, les âmes d'autres mondes viennent aussi. Ici, soit, ils montent vers le haut et passent dans l'existence éternelle, soit ils sont décodés comme un rebut incapable de progresser dans les mondes hiérarchiques. Donc, ici sur Terre, c'est l'enfer des guerres constantes et des combats futiles de la même chose, à savoir, la lutte de l'égoïsme pour son propre bien.

La soif du pouvoir et la richesse matérielle ont été les principaux leviers qui ont mis en marche la machine de guerre. Toutes les autres raisons découlent des deux premiers. N'était-ce pas la principale raison de combattre un individu contre un autre il y a cinq mille ans, et n'est-ce pas ce qui alimente les guerres aujourd'hui?

Mais si la Terre est une sorte de chaudron où les âmes humaines se cristallisent sous la pression et forment leurs caractères, alors comment cela se passe-t-il ?

Commençons par rappeler que chaque planète du système solaire est orientée pour travailler avec une certaine gamme de fréquences énergétiques. Par exemple, Jupiter fonctionne dans la gamme de fréquences "A", Saturne dans la gamme de fréquences «B», Vénus dans la gamme de fréquences «C» etc. Naturellement, cette gamme est énorme, car elle concerne la planète, et le cerveau humain ne peut pas identifier toutes ses composantes. Mais il est important pour nous de comprendre le principe de fonctionnement, afin de tout simplifier jusqu'aux limites de la compréhension commune.

Le système Solaire s'est formé à l'origine avec une orientation de travail sur la Terre, ses besoins. C'est-à-dire que lorsque le besoin de créer la Terre est apparu, le système planétaire a été immédiatement développé, et immédiatement le besoin d'un vecteur d'énergie pour la Terre est apparu dans les dernières étapes de son développement, qui était l'âme. Au début, elle a pris la forme d'un animal, puis d'un être humain. Tout a été pris en compte dans le grand projet à la fois, mais il a été mis en pratique étape par étape dans l'ordre connu de l'homme.

L'homme lui-même est une si petite valeur par rapport à eux qu'il est difficile de croire qu'un énorme système planétaire est créé en interrelation avec le travail de conception humaine et qu'il a un rôle décisif dans cette production. Mais faisons l'analogie suivante. (Et bien que nous l'ayons déjà donné, nous devons le répéter, car rien n'aide autant une personne à comprendre quelque chose, que la comparaison).

Lorsqu'une personne doit se fabriquer une voiture, elle construit une immense usine, composée de différents ateliers avec des équipements sophistiqués, la production de pneus, l'électricité, les produits chimiques pour la peinture. Il crée un appareil administratif puissant et une force de travail. Combien d'argent et d'efforts y sont investis pour qu'un jour, une voiture toute neuve sorte de l'usine.

Le désir de l'avoir nous fait calculer et créer des projets grandioses de complexe industriel, planifier et calculer le retour sur investissement, c'est-à-dire qu'il y a une œuvre cachée, qui reste invisible pour un simple observateur en dehors de la partie visible du projet.

De même, le système Solaire a été calculé, planifié et formé pour l'interaction avec l'âme, qui est en cours de formation sur la Terre. Ce n'est que pour la compréhension humaine qu'il a été prolongé dans le temps pour des durées infiniment longues.

La forme humaine a donc été créée en coordination mutuelle avec les planètes en même temps, bien qu'au début du développement du sauvage, toutes les planètes n'aient pas encore été incluses. Leur mise en marche s'est produite dans le processus de perfectionnement de son âme.

Parce qu'un individu est immédiatement orienté sur la connexion avec les planètes, il a une structure interne correspondante. Il ne pourrait avoir que deux ou trois organes ; cela pourrait être simplifié. Mais pour une raison quelconque, il a été nécessaire d'introduire plus de dix organes principaux. Et ils ont été introduits en nombre égal au nombre des planètes du système solaire, plus la Lune et le Soleil. Ainsi, la structure interne d'un être humain est conditionnée par la structure de notre système Solaire, tandis que la structure du système planétaire est conditionnée par les objectifs de développement de l'âme (la Terre et tous les êtres qui s'y trouvent). Mais nous ne nous intéressons qu'à un être humain, alors concentrons-nous sur lui.

Il y a autant d'organes principaux dans le corps humain que des planètes en rotation autour du Soleil. On peut y ajouter les planètes non découvertes Proserpine et Vulcan. Tout le reste de la structure de l'organisme humain est constitué de liens de connexion entre les principaux organes pour la création d'un fonctionnement uniforme.

Chaque organe génère son propre type d'énergie, c'est-à-dire qu'il fonctionne à certaines fréquences. Ce que les organes et les planètes ont en commun, c'est qu'ils fonctionnent aux mêmes fréquences. Chaque organe a sa propre planète. L'organe et cette planète fonctionnent dans la même gamme d'énergies et sont donc liés l'un à l'autre comme du même type. Mais la hiérarchie des planètes et des organes est également observée ici.

Par exemple, Saturne et Mercure dans leur aspect inférieur sont reliés par les mêmes fréquences avec les jambes et les genoux. Les mêmes planètes dans leur gamme supérieure de fréquences facilitent la production de hautes énergies chez l'être humain et sont reliées à la rate et aux poumons. Il y a toujours des limites supérieures et inférieures et des différences associées. Toute gamme est caractérisée par trois stades de développement humain : inférieur, moyen et supérieur. Par conséquent, une même planète peut produire des fréquences basses, moyennes et hautes, ce qui est propre à toute gamme.

Les organes de haut Niveau (élevés en termes d'énergie qu'ils produisent, bien que cette dernière condition détermine également leur position élevée dans le corps par rapport aux organes de niveau inférieur) sont reliés aux planètes de haut Niveau.

Toute l'énergie produite et consommée par les organes physiques, est de type matériel, c'est-à-dire de l'énergie brute, qui n'est pas liée à l'énergie spirituelle. Et l'échange entre les planètes et les organes est du type matériel des énergies, mais pas de type subtil.

Il convient d'apporter une précision à ce sujet. Nous avons écrit que le Déterminant envoie également son énergie à chaque organe. Mais la planète l'envoie aussi. Y a-t-il une différence à cet égard ?

Chaque organe est une unité distincte qui travaille sur son propre type de « carburant ». Le Déterminant envoie une énergie primaire qui amène l'organe dans son état de départ et qu'elle utilise ensuite tout au long de la journée. C'est ce « carburant » qui recycle l'énergie qu'il reçoit de la planète.

Le Déterminant envoie son énergie à l'organe par portions, une fois par jour. Une seule recharge pendant la période de sommeil assure le fonctionnement de l'organe pendant la journée. L'échange d'énergie avec la planète est constant pendant la journée et ne se produit que parce que l'organe traite cette énergie sur le «carburant » primaire.

La planète envoie des énergies matérielles à l'homme, et elles sont déjà capturées par les chakras humains qui, en tournant dans le sens des aiguilles d'une montre, les absorbent et, en tournant dans le sens inverse, les émettent. Chaque chakra* travaille à ses propres fréquences, donc il agit de manière sélective et ne perçoit que les fréquences avec lesquelles il est en résonance dans la mer des autres fréquences.

L'énergie circule du chakra par des canaux d'énergie vers les organes de sa zone de service. Bien sûr, chaque chakra fonctionne avec plusieurs types de fréquences, car il dessert plusieurs organes et une partie correspondante du corps.

Les mêmes organes de tous les êtres humains produisent une énergie de la même gamme. Mais pour plus de commodité, nous parlerons d'une même fréquence et d'un type d'énergie. Tout comme une grande rivière se rassemble à partir des gouttes de pluie, un grand courant du même type d'énergie se rassemble à partir de petites sources pour former de grands ruisseaux. Mais pourquoi se réunissent-ils, de quelle manière ?

Une matière de même type (et une énergie de même fréquence peuvent être désignées comme telles) a les mêmes propriétés et agit selon les mêmes lois, ce qui favorise le fait qu'entre autres matières obéissant à des lois différentes (comme l'eau, le gaz, le plasma obéissent à des lois différentes) et ayant des propriétés différentes, elle sera attirée par la matière homogène. C'est ainsi que la vapeur d'eau s'accumule dans les nuages, les gouttelettes d'eau dans les rivières. Chaque matière a sa propre structure et ses propres lois d'existence, qui assurent son mouvement et son rassemblement dans des lieux prévus d'en Haut.

La relation avec les planètes est complexe. Il faut tenir compte du fait qu'il existe des mondes parallèles sur Terre, les créatures dans lesquelles, bien qu'elles aient des organes différents, sont également connectées aux planètes du système Solaire par le même type d'énergies. La structure de ces êtres est affectée par les besoins de leur monde, car elles sont liées à son fonctionnement.

Donc, l'échange d'énergie entre les planètes et tous les êtres vivants est très complexe. Même dans notre monde terrestre, c'est un processus grandiose, alors que dire de tout le reste.

Mais lorsque l'on considère les connexions des planètes avec les humains, il est important de s'attarder sur les processus d'échange appartenant au monde subtil.

Pourquoi les gens sont-ils divisés en douze types selon les signes du Zodiaque ?

Chaque signe exprime un certain type de personne avec des traits de caractère, qui sont enfermés dans certaines limites, dans une certaine gamme de fréquences. Mais quel est le rapport avec les traits de caractère ?

Les traits de caractère sont principalement des émotions qui s'ajoutent à un certain type de comportement. Les émotions, les sentiments ne sont rien d'autre que des énergies de toutes sortes de fréquences. Douze types de personnes, douze caractéristiques qualitatives de base d'un homme travaillent avec des types d'énergies correspondants.

En fonction de ses qualités intérieures, chaque individu génère certains types d'énergies et les envoie à la planète à laquelle cette gamme de fréquences est inhérente. Par conséquent, un individu joyeux et enjoué produira déjà, par ses sentiments, un certain type d'énergie subtile et l'enverra sur Vénus, et un individu en colère et sarcastique produira un autre type d'énergie subtile et l'enverra sur Saturne. Et l'individu qui est occupé et pleinement absorbé par les activités sociales, sera en constante interrelation avec Jupiter.

En même temps, l'homme lui-même absorbe plus ou moins les énergies des planètes, selon le spectre de fréquences auquel il est accordé. En recevant ces énergies avec les émotions appropriées, l'homme doit les traiter et renvoyer un nouveau spectre de fréquences, et en même temps, grâce au travail effectué, l'âme acquiert une nouvelle qualité, et cette qualité lui est laissée.

Lorsqu'on lit sur la transformation de l'énergie par la machine bioénergétique, c'est-à-dire le corps humain, on peut être confus, car les deux organes produisent des énergies et les émotions aussi. Mais en quoi sont-ils différents ?

La différence est que les organes sont reliés à des types d'énergies matérielles, tandis que ceux qui sont produits par le travail de nos sentiments et de nos émotions, subissent une transformation à travers les enveloppes de l'âme et appartiennent aux types d'énergies subtiles.

C'est-à-dire que les organes travaillent dans la gamme des énergies grossières, et les sentiments dans la gamme subtile. Les deux énergies participent à des processus d'échange avec les planètes. Naturellement, les processus de transformation de la matière et des énergies subtiles sont très différents. La matière physique d'un être humain est reliée à la matière physique des planètes, et l'énergie subtile d'un être humain est reliée à l'énergie subtile des planètes. C'est la différence, et c'est l'essentiel.

Le destin d'une personne est également coordonné avec les planètes par l'interaction de différentes énergies, par des processus d'échange mutuel. Mais le programme de vie de l'âme est élaboré avant la naissance d'une personne, en tenant compte de son karma passé et des nouveaux besoins du Cosmos. Le karma affecte également la façon dont un individu sera lié aux planètes. C'est à partir de ces deux positions que se fait le nouveau programme de chaque individu.

Le karma donne des situations de vie et détermine les actions qu'un individu peut entreprendre. Mais les situations sont données d'en Haut comme des circonstances dans lesquelles l'âme doit travailler une certaine qualité. Le comportement de l'individu dans ces situations sera déterminé par son caractère, par le degré de développement de son âme.

Le Niveau de l'âme, c'est-à-dire le degré de son développement, est déterminé par les énergies qu'elle a acquises dans les vies antérieures. Plus la personne s'est incarnée, plus son expérience de vie et son âme sont accumulées. Donc le Niveau d'un tel individu s'élève, et en échange avec la planète, il passe des énergies de basse à haute fréquence.

L'homme développe son caractère par lui-même, et cela dépend des accumulations de son âme. Mais des types de caractères tels que colérique, sanguin, mélancolique, flegmatique sont mis dans le programme humain lorsque l'âme descend sur la Terre. Cela signifie que d'en Haut, Il est prédéterminé, en fonction de la condition d'obtention de nouvelles énergies par l'âme, quelle coloration donner au personnage ou dans quel mode faire fonctionner ce personnage. À partir de cette condition, le comportement humain est qualitativement divisé en quatre types mentionnés ci-dessus (colérique, sanguin, etc.).

Ce sont déjà des lignes de comportement, qui sont fixées par le programme, et elles ne dépendent pas des accumulations internes d'une personne. Et ce n'est pas le personnage lui-même. Leur inclusion dans le programme est uniquement due au travail des sentiments. Ce sont ces caractéristiques qui rendent une personne triste ou joyeuse, calme ou pleine de tempérament. Si l'on supprime cette ligne de conduite, alors le personnage lui-même reste dans la totalité de ses nombreuses qualités.

Sur d'autres planètes, les créatures n'ont ni pessimisme ni optimisme, elles ont un comportement équilibré, basé uniquement sur les qualités intérieures acquises.

Ainsi, qu'une personne soit joyeuse ou triste, pessimiste ou optimiste, tout est programmé avant la naissance.

Tout cela montre que plusieurs facteurs influencent la façon dont une personne se comporte. Il existe toute une chaîne de liens qui font que l'individu se manifeste de quelque manière que ce soit : la situation implique l'individu dans certaines circonstances qui affectent ses sentiments. Les sentiments génèrent des émotions selon le type de personnage. Une seule et même situation chez un pessimiste provoquera la tristesse et l'envie (apparition d'une énergie d'une qualité), et chez un optimiste, la force d'esprit et la soif de combat (énergie d'une autre qualité).

Le type de personnage : sanguin, mélancolique et autres déterminent la ligne de conduite, et par conséquent affectent l'énergie qu'il produit pour le Cosmos.

Il s'agit d'une chaîne d'action simplifiée du mécanisme intérieur de l'homme, à partir de situations. Lorsqu'il participe à des situations, un individu interagit en permanence avec ses planètes, et l'énergie est échangée entre elles.

Mais comme tout dans le Cosmos est automatique, l'échange d'énergies entre la planète et l'individu se fait aussi automatiquement, et le programme de l'individu est contrôlé par les planètes, l'individu est placé dans un endroit particulier à la naissance, puis au moment de la naissance, les énergies du programme intérieur de l'individu sont alignées avec les énergies des planètes.

Les planètes comme si elles s'imprimaient dans le programme d'une certaine manière, maintiennent leur pouvoir et leur influence sur la personne tout au long de sa vie. L'activation des situations de programme se fait par des vibrations résonnantes : les énergies du programme et les énergies de la planète résonnent, et cela sert en quelque sorte de déclencheur. Sous l'action de la résonance, un potentiel accru est créé, ce qui met la situation en marche. Un choix fait par une personne se superpose nécessairement à l'activation, car le choix est aussi le travail des sentiments et des pensées, et donc le travail de certaines énergies qui donnent de la résonance.

Les planètes tournent dans le ciel, certains «boutons» des programmes sont automatiquement mis en marche, ce qui signifie que les énergies de certaines situations commencent à fonctionner, ce qui signifie qu'il y a une perfection de l'âme.

L'être humain souffre, aime, se réjouit, et de cette façon il recycle les énergies. A la suite de cette lutte, l'âme acquiert de nouvelles qualités, et les énergies produites par l'homme, sont envoyées sur les planètes correspondantes. Le reste est déjà bien documenté par les astrologues et n'a pas besoin d'être répété.

Avec qui les extraterrestres contactent

Pourquoi les extraterrestres n'entrent-ils pas en contact avec tout le monde, mais de manière sélective ?

Nous allons répondre à cette question sur la base des

180

connaissances que nous avons reçues d'en Haut.

Premièrement, la Terre appartient à Dieu, et Il en est le propriétaire souverain. Par conséquent, tout ce qui s'y passe, doit être en accord avec Lui. Cependant, on ne peut exclure les accidents et les actions de puissances cosmiques hostiles. Ils sont toujours présents. Le Cosmos est sans limites. Notre Dieu a quatre Univers, mais des extraterrestres (qui proviennent au système matériel hautement évolué) peuvent aussi venir à nous depuis d'autres Univers.

Les extraterrestres ne peuvent pas agir pour leurs propres raisons. De la même manière, par exemple, les étrangers ne viennent dans notre pays que sur autorisation, en accord avec les autorités compétentes en matière de laissez-passer. Cependant, des espions y sont envoyés, il n'est pas entièrement protégé contre l'invasion des troupes ennemies.

Je donne ces exemples pour montrer clairement que, bien que les Lois de l'Univers existent et fonctionnent partout, il y a toujours ceux qui les violent. Mais cela ne concerne que les Niveaux inférieurs, et le plan de la Terre lui appartient, donc la Terre n'est pas à l'abri d'une invasion.

Mais arrêtons-nous sur la variante où les vaisseaux extraterrestres arrivent avec l'autorisation des instances cosmiques appropriées et de le Maître de la Terre.

Si l'initiative de la visite vient des extraterrestres eux-mêmes, et ils poursuivent certains objectifs de recherche, alors toutes leurs actions sur la Terre seront coordonnées avec l'Autorité Supérieure qui réside dans la Hiérarchie de Dieu. Et après avoir reçu l'autorisation sur place, ils contactent le Maitre de la Terre et résolvent le problème avec lui. Il détermine les zones d'exploration et leurs capacités, en fonction de ses objectifs.

La plupart des vaisseaux extraterrestres viennent sur notre planète par la volonté de Dieu. Parmi eux se trouvent à la fois des extraterrestres matériels et des représentants des mondes subtils, c'est-à-dire ceux qui nous restent invisibles. Ce sont des êtres énergétiques, mais ils ont différentes formes d'existence sur différentes planètes.

Les planètes ont leur propre fréquence cosmique et existent dans leurs gammes d'énergie inhérentes, de sorte que tout ce qui est créé sur ces planètes, toute la matière et tous les êtres vivants sont dans la même gamme de fréquences.

Les extraterrestres existant dans une gamme de fréquences, ne voient pas les extraterrestres dans une autre gamme de fréquences, car les organes de la vision sont le plus souvent réglés pour percevoir un spectre d'énergies strictement défini, le plus souvent celui dans lequel se construit la vie quotidienne de ces êtres. Ils ne se voient que si leurs organes de vision sont réglés pour percevoir les mêmes fréquences d'énergie ou pour percevoir des mondes adjacents. C'est pourquoi certains extraterrestres peuvent voir à la fois leur monde et le nôtre, ainsi que d'autres mondes, bien qu'ils restent invisibles pour nous. Mais leur zone de perception s'étend à deux ou trois mondes adjacents en Niveau. Les extraterrestres de Niveau Supérieur de développement, principalement des formes d'énergie, sont capables de voir tous les mondes de niveau inférieur sans restriction.

L'homme a acquis la conviction qu'en plus de sa matière, il y avait une autre matière lorsqu'il a créé des instruments, dont certains perçoivent les ultra-violets et d'autres, les infrarouges. La gamme des perceptions de l'homme s'est ainsi élargi, mais très légèrement ; suffisamment élargi pour voir qu'au-delà de ce qu'il considérait autrefois comme l'ultime, les horizons infinis s'ouvrent, et que ses yeux limitaient sa connaissance du monde en ne fixant son attention que sur la matière grossière.

Mais, les déclarations de certains matérialistes, selon lesquelles ils sont capables de détecter avec leurs instruments tout vaisseau spatial s'il traverse l'espace aérien de la terre, sont ridicules. C'est de l'auto-illusion, une surestimation de leurs propres capacités.

D'énormes vaisseaux spatiaux sillonnent déjà librement la Terre, et personne ne les a jamais "détectés" s'ils ne voulaient pas apparaître.

Les vaisseaux extraterrestres sont fermés par un champ de protection, qui consiste en des énergies auxquelles les appareils terrestres ne sont pas encore capables de réagir. Certains véhicules existent dans une gamme de fréquences qui, là encore, est inaccessible à notre technologie.

Les vaisseaux spatiaux sont construits en matière qui diffère de la matière terrestre par ses propriétés. Ils peuvent être perçus par nos yeux, mais qualitativement, il s'agira d'une matière complètement différente, sans propriétés physiques, et donc pour la détecter, nous avons besoin d'instruments qui seront réglés sur des paramètres complètement différents de ceux possédés par la matière physique.

Par exemple, à l'été 1988, la Commission d'études des OVNIS (Objets volants non identifiés) de Sibérie a apporté un morceau de métal qui fait partie de la "soucoupe volante". L'examen de la pièce de métal a révélé qu'elle avait un champ biologique et des propriétés uniques à la matière vivante. Le morceau de métal solide émettait un champ biologique. Pour un être humain, c'est incroyable.

De plus, on a découvert qu'un morceau de certains appareils était composé à 90 % de cuivre et que le reste était constitué d'autres éléments. C'était un alliage qu'il était impossible d'obtenir sur Terre. Mais le plus important est que la structure du cuivre s'est avérée être telle qu'on ne la trouve pas sur Terre, c'est-à-dire non cristallin, et en tant que cellule vivante comme une spirale, similaire à l'ADN (acide désoxyribonucléique). Les scientifiques ont également trouvé des "soucoupes" entières, mais ils n'ont pas trouvé de moteur sur celles-ci.

Un appareil émettait un champ biologique. À cet égard, il existe une version selon laquelle ces machines volantes sont contrôlées par la pensée, en travaillant sur l'énergie biologique. Il y a eu une version selon laquelle ils travaillent sur l'énergie psychique, ce type d'énergie n'est propre qu'aux formes spiritualisées. Mais est-il possible de contrôler un navire par la pensée ?

Si un cheval est un robot biologique qui obéit à un ordre de pensée humain, "Mais, allez !" ou "Stop !", alors pourquoi les machines volantes ne peuvent-elles pas fonctionner selon le même principe ? Eux-mêmes peuvent obéir à la pensée. Peut-être, les extraterrestres ont-ils inventé un véhicule inanimé qui obéit à l'ordre de la pensée et fonctionne avec un type de carburant spécial. Mais ce n'est qu'un des types de matière du plan physique que l'homme a pu partiellement explorer. Et combien d'entre eux restent au-delà de sa connaissance?

Comme nous l'avons écrit dans le livre "Rencontres avec des personnes invisibles", il y a plus qu'assez des extraterrestres sur la Terre, visibles et invisibles. Mais les gens n'ont pas encore appris à les reconnaître et à entrer en contact avec eux. Ils sont généralement les premiers à prendre contact, s'ils le jugent bon, bien sûr.

La plupart des vaisseaux spatiaux de notre planète effectuent des travaux qui leur sont confiés par les Dirigeants de notre planète ou sous contrat avec Dieu. Ils aident à reconstruire la Terre, font toutes sortes de recherches. Les extraterrestres matériels travaillent avec la matière physique, les extraterrestres énergétiques travaillent avec les structures subtiles de la Terre, avec ses mondes parallèles.

Pour certaines recherches, ils n'emmènent à leurs vaisseaux que les personnes que le Maître de la Terre leur permet d'emmener. Il tient un registre de tout le monde. Et si certaines personnes disparaissent sans laisser de traces dans les "soucoupes volantes", c'est uniquement à cause de leur programme. Le Gouverneur de la Terre et ses assistants déterminent à l'avance lesquelles de ces personnes peuvent disparaître à jamais, et lesquelles peuvent être capturées et leur être rendues plus tard.

Ceci explique le fait que les extraterrestres sont liés à un individu et ne lui donnent pas de repos pendant de nombreuses années. Naturellement, s'ils lui ont fait une expérimentation, il est sous observation, et ils lui rendent périodiquement visite et font leurs relevés.

La recherche médicale est généralement menée par le Système Médical de Dieu. Cette Hiérarchie comprend de très nombreux Systèmes cosmiques. Ils sont engagés dans la recherche sur les cellules organiques, végétales et animales, contrôlent tous les changements qui ont lieu dans l'organisme vivant, étudient la transmutation dans tous les organes humains, surveillent les mutations. C'est le Système Médical qui mène souvent des expériences sur une personne, même sans qu'elle ne s'en rende compte, à l'aide d'entités énergétiques qui restent invisibles pour la personne et travaillent donc discrètement avec l'expérimentateur.

Une jeune femme s'est plainte auprès de moi qu'elle pouvait sentir quelqu'un lui couper la jambe la nuit, lui faire quelque chose, puis la recoudre. Mais elle ne voit personne. Le matin, elle trouvait une bande rouge à l'endroit où elle sentait des touches étrangères, qui ressemblait à une égratignure déjà cicatrisée. La douleur dans sa jambe est restée pendant plusieurs jours.

Elle avait commencé à avoir ces égratignures guéries à d'autres endroits de ses membres, plus précisément à ses membres. Ceci concerne un domaine d'étude spécifique : les muscles des jambes et des bras.

Sur la base de tels aveux de la jeune fille, nos médecins penseraient que son psychisme n'est pas bon et qu'elle est sujette à la stigmatisation, bien que ce soit le cas des études du Système médical, qui a choisi cette fille pour ses expériences.

Mais pourquoi les individus se rendent-ils pour la recherche ? Tout d'abord, c'est leur karma. Il est fort probable que dans leurs vies antérieures, ils ont eux-mêmes mené de telles expériences sur des personnes vivantes. Aujourd'hui, les situations ont été tournées de telle sorte qu'elles sont devenues elles-mêmes l'objet de recherche et d'expérimentation, ou l'objet d'acquisition de compétences professionnelles de la part des entités énergétiques qui ont récemment rejoint le Système Médical, et pas seulement récemment. Ils doivent eux aussi acquérir de l'expérience dans l'influence du monde subtil sur notre matière physique, afin d'améliorer leurs qualifications.

De nombreux médecins terrestres acquièrent également leurs compétences professionnelles sur leurs patients. Mais à tout moment, en raison de dépendances karmiques, ils peuvent aussi devenir des sujets expérimentaux dans une autre vie pour les médecins du Système Médical.

Sur Terre, il existe des villes expérimentales, où le Système Médical étudie l'évolution de certaines maladies. Généralement, les maladies qui prévalent dans une région donnée, font l'objet d'une enquête. Et cette région est liée à l'énergie de la Terre, parce qu'à travers une maladie particulière, un certain type d'énergie, produit par l'homme, est purifié, c'est-à-dire que les Systèmes Hiérarchiques reçoivent une énergie plus propre, et par conséquent la Terre à cet endroit aussi.

Par conséquent, à travers la propagation de toute maladie, le Système Médical régule l'échange des processus énergétiques entre la Terre et le Cosmos par l'intermédiaire d'un humain. Mais pour être plus précis, pas par le Cosmos, mais par les Systèmes hiérarchiques. Toute énergie produite sur la Terre est captée par ceux qui ont créé notre planète dans ce but. L'énergie ne va jamais au Cosmos et ne s'y dissipe pas comme dans un vide. Elle provient d'un endroit spécifique et retourne à sa place.

Si nous parlons de contacts conversationnels avec des extraterrestres ou simplement de contacts visuels, alors des personnes spéciales sont également choisies pour eux. Toute réunion doit avoir un but précis : affirmer une croyance, recevoir ou donner une information, éveiller la conscience d'une personne, etc.

Le fait que certaines personnes voient des phénomènes ou des êtres du monde subtil tandis que d'autres non, cela est dû à la différence de leur structure énergétique. C'est la même chose que le talent. Pour qu'il se manifeste comme un don brillant, l'âme au cours d'un certain nombre d'incarnations précédentes doit se construire d'une certaine manière et faire les accumulations correspondantes. De la même manière, la vision et l'audition du monde subtil se manifestent lorsque l'âme travaille dans des directions spécifiques. Ce sont les mêmes capacités que celles de dessiner, de composer de la poésie, de composer de la musique. Tout doit être développé. C'est pourquoi il faut considérer le fait que certaines personnes voient les "soucoupes volantes", alors que d'autres ne les voient pas, comme une manifestation des mêmes talents. L'un dessine merveilleusement bien et l'autre mal, l'un chante merveilleusement bien et l'autre chante pour que les oreilles soient bouchées.

Tout peut s'expliquer par le développement différent des personnes et de leurs différentes structures. À première vue, nous sommes tous semblables, alors qu'en réalité il n'y a pas deux personnes identiques sur la Terre. Même les jumeaux que nous percevons comme des copies matérielles absolues l'un de l'autre ont des différences dans la structure subtile et les qualités des âmes qui leur sont implantées.

Mais parfois, certaines qualités acquises sont artificiellement fermées à une personne, afin qu'elle puisse se concentrer sur une autre direction de développement, afin qu'elles ne la détournent pas d'un objectif plus important. Un être humain peut donc déjà avoir cette propriété en lui-même, mais elle reste fermée jusqu'à un certain stade de développement.

De nombreux extraterrestres voient la structure subtile de l'homme, et ils savent donc avec qui ils peuvent entrer en contact et avec qui ils ne peuvent pas. Pourquoi contacter quelqu'un qui ne s'est pas encore construit de la manière requise. Il sera toujours aveugle et sourd à leur égard. Mais s'ils voient que l'homme a déjà des constructions subtiles qui leur permettront de les entendre ou de les voir, ils se montrent et entrent en contact avec lui. Cependant, lorsqu'ils poursuivent un objectif qui leur est propre et qu'une personne les a intéressés, ils entrent en contact avec cette personne par télépathie grâce à la maîtrise de nos concepts.

Parfois, notre presse nous informe d'un prochain atterrissage de forces spatiales sur la Terre. Et pour une raison quelconque, ce sont les êtres matériels que tout le monde attend. Le temps spécifié passe, les gens ne voient personne et sont déçus, bien que l'atterrissage ait eu lieu, mais d'essences invisibles. L'homme n'a pas suffisamment de connaissances pour accepter et comprendre correctement les informations. Et même dans des choses aussi simples, il fait de fortes distorsions.

Comme une personne ne voit pas ce qui se passe dans une autre gamme de fréquences, il se méfie de ces messages, même s'ils sont vrais. La question est dans l'être humain lui-même, dans sa capacité à voir l'un et à rester aveugle à l'autre.

Les mêmes personnes qui parviennent à entrer en contact avec les extraterrestres, disent que certains d'entre eux leur disent souvent: «Vous vivez une vie erronée». Cela est répété par différents extraterrestres, et la même chose est dite par les Supérieurs. Il convient donc de prêter une attention particulière à cette remarque. Mais un être humain, malgré ces instructions, continue à vivre comme il le fait. Il ne veut pas se demander pourquoi il vit mal et ce qui ne va pas dans sa vie. Et il ne veut pas y penser seulement parce qu'il ne veut pas se séparer de la douceur de vivre, de ses tentations et de sa méchanceté.

Mais il convient de se demander très sérieusement pourquoi absolument tout le monde, y compris ceux qui viennent d'autres mondes, parle du caractère erroné de notre vie. Personne ne donne une réponse toute faite à cette question. L'homme lui-même doit tout comprendre et tout corriger, sinon il n'y aura pas de perfection, pas de progrès.

Épilogue

Dans l'étude de nos informations, une certaine séquence est très importante car les livres ont été écrits dans un ordre de complexité croissante, et chacun d'eux représente un niveau différent qui ne peut être compris qu'après avoir maîtrisé le précédent. Commencer à lire tout de suite avec les plus difficiles, c'est se mettre dans la position d'un élève de première année qui ramasse des manuels de 10e année.

Voici une séquence souhaitable de lecture des livres, qui contient des informations à mesure que la complexité augmente.

1. L'esprit Supérieur révèle les mystères.
2. Les rencontres avec les invisibles.
3. Les révélations du Cosmos.
4. Les conversations sur l'inconnu.
5. Les mystères des mondes Supérieurs.
6. L'âme et les mystères de sa structure.
7. La structure énergétique de l'homme et de la matière.
8. La vie secrète des Maitres Célestes.
9. L'homme de l'ère du Verseau.
10. Les perles de vérités Supérieures.
11. La Formation de l'âme ou la philosophie paradoxale.

12. La philosophie de l'éternité.

13. La Loi de l'Univers ou les bases de l'Existence de la Hiérarchie Divine.

La liste ci-dessus n'est pas définitive. Les auteurs travaillent sur les livres suivants : «Les expériences de l'Esprit Supérieur», «Le dictionnaire de la philosophie cosmique», «Les fonctions du monde éternel».

Dictionnaire

Absolu : 1) Dieu, Conscience Supérieure; 2) volume spatial représentant un organisme vivant de
L'Être Supérieur comprenant tout l'Existant et étant le sommet d'un certain cycle de développement.

Absolu,-e : - atteint l'état supérieur du développement comprenant tout l'ensemble de composants énergétiques nécessaires.

Supérieurs, pl, : - individus se trouvant au niveau de développement plus élevé que le niveau terrien et dirigeant la Terre et l'humanité.

Âme : matrice au contenu spécifique en énergie qui change au cours du perfectionnement. La matrice est liée aux constructions permanentes et temporaires destinées pour le monde terrestre.

Nature : - volume de l'espace appartenant à un organisme spatial géant où tout le reste se trouve et évolue.

Hiérarchie : - construction spatiale du plan "subtil" où se disposent, dans un ordre déterminé, les mondes du Dieu habités des individus du niveau concret de développement. Les mondes (ou les plans de l'existence) – ce sont les Niveaux. Leur degré de développement augmente du pied de la pyramide vers son sommet où se trouve le Dieu dirigeant tout ce qui est inférieur. La Hiérarchie comprend une quantité absolument précise d'individus.

Énergoqualité: - type homogène de l'énergie

Karma : - remboursement à l'homme de ses actions positives ou négatives dans la vie précédente (le destin, bon ou mauvais, inscrit dans le programme de l'homme).

Composite :- ensemble d'énergies différentes dans la matrice qui constitue son profil, son contenu qualitatif déterminant l'expressivité et l'individualité de la personnalité.

Ordinateur du Déterminant : - dispositif technique du plan subtil de type de l'ordinateur terrien par lequel on assure la direction de l'homme. Ce dispositif garde toutes les données sur un homme concret.

Matrice : - base de carcasse de l'âme remplie et gardant les types différents de l'énergie faisant la base du caractère de l'individu. Elle a une structure à cellule et elle capable d'augmenter à son gré la quantité des cellules après le remplissage de celles dont elle dispose. La Matrice – c'est une construction autograndissante et spiritualisée. Son remplissage de l'énergie se passe dans un ordre régulier prévu par le Dieu.

Puissance de l'âme (Force) 1). c'est sa force composée des potentiels des énergies accumulées; 2). capacité de l'âme d'accomplir certaines actions ou certains processus (y compris la pensée); capacité d'accomplir un travail en une unité de temps.

Inférieurs, pl : - les individus appartenant au monde terrestre. Un homme matériel est toujours placé plus bas que ceux qui se trouvent dans la Hiérarchie, puisque l'énergie "subtile" c'est toujours le niveau plus élevé de l'organisation de la matière.

Orbital : - nouvel état énergétique de la Terre qui est plus élevé d'après son niveau de développement que le précédent.

Plan (de l'être) : - monde, plan d'existence − le continu temporel et spatial d'une construction spécifique, le milieu d'habitation des formes concrètes des êtres. Les plans d'existence se séparent par les frontières spatiales ou temporelles, ou se disposent dans les continuums aux caractéristiques de fréquence et d'énergie différentes de la matière.

Progression de l'âme : - accumulation dans sa matrice des énergies conformément au programme donné.

Potentiel de l'âme : - indice de la force de l'individu. Il fait le résultat des potentiels des énergies remplissant sa matrice et ses enveloppes permanentes.

Décodage : - destruction de l'âme sur le plan "subtil"; annulation de l'idée de "Moi" comme personnalité de l'individu; démontage des constructions en énergies subtiles de l'âme et nettoyage complet des cellules de la matrice de toutes les énergies accumulées par l'individu lors de ses vies précédentes.

essence (sens) : - sens intérieur de quelque chose.

Essence (Être) : - personnalité évoluant dans la hiérarchie de Dieu (ou du Diable). Les Essences incorporés dans la Hiérarchie sont divisées en plusieurs niveaux de développement.

Substance (être) : - individu rationnel se référant à un autre monde et qui prend la forme différente de celle humaine mais qui possède des structures provisoires lui permettant de s'adapter au monde où il existe.

Subtil (monde, construction, structure, etc) 1). Tout ce qui se trouve au-delà de la perception de l'homme; 2). tout ce qui est créé de l'énergie de l'ordre plus élevé que la matière physique.

Niveau : - degré du développement de quoi que ce soit.

Niveau de la Hiérarchie − monde ou plan d'existence dans la Hiérarchie. Les niveaux se disposent d'après leur rangement, c'est-à-dire dans un ordre régulier du développement de l'énergie depuis les inférieurs, les plus rapprochés de la Terre, - jusqu'aux supérieurs, rapprochés du Dieu.

Énergétique : 1). Le nouveau nom pour la notion de "l'énergie" comprenant dans sa structure le type des énergies plus puissantes, caractéristiques pour l'envoi de l'Espace sur la Terre pour le moment actuel (l'an 2000). 2). potentiel total se trouvant dans un volume limité.

Énergie : 1) tout type de la matière du plan physique et du plan "subtil" se distinguant par le développement par la suite de niveaux; 2). la mesure générale des formes différentes du mouvement de la matière (définition classique).

Énergocorps, pl : - enveloppes énergétiques de l'homme.

Égrégore : - un certain volume pour contenir quelque chose (pour l'essentiel des énergies).

Réincarnation : - transformation de l'âme de l'homme ou d'autres formes de vie terrestres en différents corps matériels de vie à vie. La réincarnation est un mécanisme d'élaboration par l'âme d'énergie de type terrestre, mais il ne fournit pas une progression absolue de l'âme. La réincarnation permet à l'individu de corriger les erreurs commises dans une vie, au cours d'un autre état de transformation.

Atmanique :- spirituelle

Mental : - production des énergies liées à l'activité pensante de l'homme.

Énergostructure : - constructions du plan subtil, invisibles pour l'homme, créées par les Êtres Supérieurs.

Configuration :- - forme complexe, qui caractérise l'agencement externe ou interne de la structure utilisant pour sa formation, quelques ou plusieurs figures simples de types différents ou de formes.

Énergopotentiel : - caractéristique de la puissance d'énergie ou de quelque chose composé de potentiels de toutes les accumulations d'énergie du volume, en baisse par rapport au total de l'ensemble du volume, du processus, de l'état, etc. Plus la quantité d'énergie stockée est grande, et plus son potentiel d'énergie est élevé, et plus la puissance est élevée.

Les mots unis par la signification.

Mondes, plan, spirituels : - communautés conscientes des Êtres Supérieurs se trouvant dans la Hiérarchie du Dieu, autrement dit, appartenant au monde "subtil".

Système Hiérarchique : 1).communauté des Êtres conscients, unis par le même Niveau de développement et demeurant dans l'Hiérarchie. Les Systèmes se situent sur le même ou sur les Niveaux différents et ont le degré de développement correspondant à ce Niveau; 2) Système appartenant à la Hiérarchie.

Système spatial :- communauté des êtres conscients, se trouvant au-delà des limites de la Hiérarchie du Dieu.

Cinquième race : - désignation donnée du Haut à l'humanité qui évoluait jusqu'à l'an 2000. Cette désignation est due au passage de la Terre à la cinquième orbitale*.

Sixième race : - une nouvelle race humaine qui prend origine conventionnellement dès l'an 2000. La désignation se réfère au passage de l'humanité à la sixième orbitale étant un niveau supérieur par rapport à celui où se trouve notre cinquième race.

Système matériel : - communautés des êtres conscients se trouvant dans les corps matériels dont le niveau d'évolution dépasse énormément celui humain.

Fondateur : - L'essence se trouvant à un niveau supérieur par rapport au Déterminant. Elle établit le sujet de la vie future de l'homme.

Administrateur : - L'essence qui se trouve au-dessus du Fondateur et du Déterminant et qui les gère.

Système médical : - La Hiérarchie Divine, qui est neutre, se trouve isolément qui s'occupe du traitement de n'importe quels êtres dans les mondes du Dieu et du Diable, ainsi que des développements expérimentaux dans le domaine de la médecine.

Système Négatif : - communauté d'Essences très développées, liées à l'accumulation des énergies négatives dans la matrice par le biais d'opérations de calcul, de programmation et de nombreux autres processus. A la tête de ce Système se trouve le Hiérarque négatif (le Diable).

Système Positif : - communauté d'Essences liées à l'accumulation dans la matrice d'énergie positive à travers le processus de création, d'aide aux autres, et d'autres actions de nature positive.

Psychimage : - Substance d'énergie créée à la suite de l'activité mentale.

Sommaire

La liste des livres
Série « Au-delà de l'inconnu »
Seklitova L.A & Strelnikova L.L

Site : www.6paca-france.com
Mail : 6paca.fr@gmail.com /ou simon.couvin@gmail.com

FACILE
« L'Esprit Supérieur révèle les mystères » (FAQ)
« Terrestre et Éternel » (FAQ)
« Les mystères du 21ème siècle » (FAQ)
« Le chemin de l'inconnu » (FAQ)
« L'illusion de vérité » (FAQ)
« Rencontre avec les invisibles »
« La création des formes ou bien les expérimentes de l'Esprit Supérieur»
« L'Homme de l'ère du Verseau »
« Le dictionnaire de la philosophie cosmique »
« Le mystère de la réalité »
«La révélation du cosmos»
« le mystère à la réalité »
« Le Formule de l'évolution »
« L'homme de la race d'or »
« Le feu de Prométhée ou la mystique »
« La réponse de Pythagore » (FAQ)
« Les secrets énergétiques d'un mariage durable »
« Les capacités paranormales »
« La transformation des âmes de différentes formes de vie »
« Les doubles de la Terre »
« Le but du développement de l'homme »

MOYEN
« L'Âme et les mystères de sa structure» (FAQ)
« Les mystères des mondes Supérieurs » (FAQ)
« La vie secrète des Maitres Célestes » (FAQ)
« La structure d'énergie d'une personne et de la matière » (FAQ)
«Les perles des vérités Supérieurs »
« Conversation sur l'inconnu »

« La matrice – base de l'âme »
« Le doigt du Destin »

DIFFICILE
« La philosophie de l'éternité »
« La philosophie de l 'Absolu »
« L'individuel et l'éternité »
« Formation de l'âme ou paradoxale philosophie »
« Le nouveau modèle de l'Univers, et le mystère de l'univers, est ouvert »

TRÈS DIFFICILE
« Les Lois de l'Univers »

Série « Encyclopédie d'une Nouvelle Ère »
Seklitova L.A & Strelnikova L.L

MOYEN
4. « La naissance, la mort et le Karma » Tome 4
5. « L'Amour, la Famille et les Enfants » Tome 5
6. « L'évolution de l'Humain » Tome 6
9. « La personne extraordinaire » Tome 9

DIFFICILE
1. « Le création de l'Homme » Tome 1
2. « Le création de l'âme » Tome 2
3. « Le développement de la mentalité » Tome 3
7. « Le Choix de l'Âme ou bien l'Évolution positive et négative d'une personne » Tome 7
8. « Le Sort, le Destin ou bien le Rôle des Programmes dans l'Évolution d'une personne » Tome 8
9. « L'Humanité » Tome 9
10. « L'Homme Incroyable » Tome 10
11. « Nouvelles informations sur la religion » Tome 11

SECTION : « La race de la Terre d'or »

DIFFICILE
12. «La terre, une planète sage » tome 1

13. «Les mystères du Temps » tome 2
14. « L'univers et ses mondes » tome 3

<u>Série « Magie de la Perfection »</u>
Seklitova L.A & Strelnikova L.L

FACILE
« La Liberté et la Inévitable »
« Les leçons Karmiques du Destin »
« Le Grand Passage ou les Variantes de l'Apocalypse »
« Pourquoi les changements de la Terre »
« Le Formule de l'évolution »
« La Terre – 21 siècle »

MOYEN
« La Phénomène de l'âme »

<u>Série « Spiritualité à Aphorisme »</u>
Seklitova L.A & Strelnikova L.L

FACILE
Cette série compose en un livre « la spiritualité en aphorismes » qui comprend des livres suivants: « Facettes du diamant », « Blues d'étoile », « Miroir de la sagesse », « Pétales du lotus », « Ode de l'éternité », « Sonate de la vérité », « Sagesse *à aphorisme* », « Vérités éternelles ».